베트남 캔디여왕 장사장의
사장학 개론

　사업은 어떤 일을 일정한 목적과 계획을 가지고 짜임새 있게 지속적으로 경영하는 행위를 말하며, 인간의 행위 중 가장 복잡한 것으로 다양한 분야의 사람과 조직이 복합적으로 만들어 내는 어려운 과업입니다.

　나는 사전에 아무런 준비 없이 사업을 시작해 수많은 시행 착오를 겪으며 37년을 버티어 살아남았습니다. 서울 장안동에서 자동차부품 사업을 시작해, 자동차부품과 중고차 수출, 식당업, 국제회의 기획사, 이란 냉매 가스 공장 건설, 외국인 면세점, 식품·화장품 제조 및 수출로 보람된 성공과 재앙에 가까운 어려움을 겪기도 했습니다.

　현재 남산적송(외국인 면세점)과 드림코퍼레이션(무역업)을 경영하고 있습니다. 베트남 현지법인 드림비나는 한국산 제품을 이마트, 롯데마트, 에이원마트(일본) 등 다수의 베트남 마트에 입점 판매하고, 베트남 전역의 전통시장에 공급하고 있습니다.

나의 지난 시간을 돌아보면 사업 시작하기 전에 공부하고 준비했더라면 시행착오를 조금은 줄일 수 있지 않았을까 하는 아쉬움이 있습니다. 사업을 하면서 내가 겪었던 많은 문제를 이 책을 읽는 독자님들은 사전에 준비하여 조금이나마 도움이 되었으면 하는 마음에서 이 책을 쓰게 되었습니다.

책의 내용은 나의 사업 현장 경험과 학교에서 공부한 것을 사업 프로세스에 따라 정리했습니다.

첫 번째, '여자 나이 서른에 시작한 사업'부터 시작했습니다. 사람들은 돈을 벌어 성공하려면 사업을 해야 한다고 합니다. 하지만 사업으로 성공하고 살아남는 것은 정말 어렵습니다.

사업가는 사업 환경이 아무리 어려워도 창업을 하고 기업의 사장이 됩니다. 사장은 어떻게 업을 일구고 그 직을 수행해야 하는지에 대하여 기술했습니다.

두 번째, 성공한 사업가들이 제일 중요하다고 강조하는 '사장은 업(業)의 철학이 있어야 한다'에 대하여 기술했습니다.

사업에 목표가 없다면 그 사업이 지금 어디에 있는지, 앞으로 어디로 가야 하는지 알 수가 없습니다. 기업은 목표가 있어야 사장과 구성원 모두의 열정과 에너지를 한 방향으로 모아 나아갈 수 있습니다.

세상의 모든 사업은 상상력에서 출발합니다. 어디에서 사업 아이디어를 얻고 어떤 과정을 거쳐 제품이나 서비스가 만들어지는지를 기술했습니다.

세 번째, '사장은 오케스트라 지휘자'입니다. 사장은 리더십으로 조직과 사람을 지휘하고 조달된 자금을 효율적으로 운용하는 기업의 지휘자입니다.

기업의 목표 달성의 필수 요소인 경영자의 리더십, 조직, 인재 및 재무관리에 대하여 기술했습니다.

네 번째, '기업경영은 마케팅과 협상이다'입니다. 마케팅은 소비자에게 상품이나 서비스를 효율적으로 제공하기 위한 체계적인 경영 활동으로, 기업에서 아무리 좋은 제품을 연구 생산해도 마케팅하고 판매하지 않으면 아무 소용이 없습니다,

기업 경영에서 협상은 이해관계가 상충하는 둘 이상의 당사자가 만족스러운 합의에 도달하기 위해 협력하고 설득하는 과정인, 협상에 대해서 기술했습니다.

다섯 번째, '실패는 성공을 위한 자산이다'입니다. 이 장에서 필자가 사업을 하면서 겪은 실패 사례들을 소개하고 있습니다.

여섯 번째, 베트남 무역 실무입니다. 자신이 비즈니스하고자 하는 지역과 비즈니스 내용에 대하여 왜 자세히 알아야 하는지에 대하여 기술하고, 필자가 하고 있는 베트남 무역의 실무 내용을 소개하고 있습니다.

마지막 장, '성공하는 사장의 품격'에서는 성공하는 사장이 갖추어야 할 품격을 심리, 문화, 지식, 경제, 신체, 언어, 사회 등 7개 자산으로 구분 기술했습니다.

이 책은 필자가 사업을 하면서 얻은 경험과 공부한 것을 정리한 것으로 많이 부족합니다. 하지만 이 자료가 독자님들이 하시는 사업과 삶에 조금이나마 도움이 되길 기원합니다.

늘 바르게 생각하고 행동할 수 있는 지혜와, 이 책을 쓸 수 있게 용기를 준 저의 멘토, 정혁규 박사에게 고마움과 사랑을 표합니다. 부족한 엄마를 믿고 든든하게 지지해주는 수연, 호준, 리, 지유, 서우에게도 사랑을 보냅니다.

2024.08 남산정사에서

장사장(장정미)

차례

Part3 사장은 오케스트라 지휘자다

Part4 기업 경영은 마케팅과 협상이다

Part7 성공하는 사장의 품격

베트남 캔디여왕 장사장의

사장학 개론

PART 1

여자 나이 서른에
시작한 사업

사업이 뭐길래

> 돈을 버는 것은 예술이고, 일하는 것도 예술이며,
> 훌륭한 사업이야말로 가장 뛰어난 예술이다.
> —앤디 워홀

1987년, 나는 사업이 뭔지 잘 알지도 못하고, 엉겁결에 사업을 시작해 37년을 버티어 살아남았습니다. 서른 살, 두 아이의 엄마가 서울 장안동에서 자동차부품 사업을 시작해, 자동차부품과 중고차 수출, 식당업, 국제회의 기획사, 이란 냉매 가스 공장 건설, 외국인 면세점, 식품 제조 및 수출로 보람된 성공과 재앙에 가까운 어려움을 겪기도 했습니다. 힘이 들었지만, 한 번도 저의 꿈과 희망을 버리지 않고 앞으로 나아가고 있습니다.

사업(事業)이란, 일반적으로 어떤 일을 일정한 목적과 계획으로 짜임새 있게 지속적으로 경영하는 행위나 그 일을 말합니다. 기업(企業)은 이익을 목적으로 생산, 판매, 금융, 서비스 등의 사업을 하는 생산 경제의 단위 조직입니다.

한 해에 창업하는 사람의 정확한 수를 파악하기는 어렵지만, 통계에 따르면 창업 첫해에 약 40%가 문을 닫고, 5년 안에 80% 이상이 폐업합니다. 또한, 살아남은 기업 중 80%가 그 다음 5년 이내에 사라집니다. 이를 보면, 전체 창업자 중 약 4%만이 장기적으로 사업을 유지하는 셈입니다. 그중에서도 크게 성공하는 사업가는 극소수에 불과해 그 수를 헤아리기가 어려울 정도입니다.

기업의 수명은 몇 년 정도일까? 창업과 기업 경영 여건이 좋다는 미국에서도 창업 후 50년을 넘기는 기업은 흔하지 않습니다. 우리나라에서도 50년 이상을 지켜, 살아남은 30대 기업은 열 손가락을 꼽을 정도이니 기업이 살아남아 업을 지속한다는 건 참 어려운 일입니다.

사업을 운영하는 주체로, 사업을 계획하고 관리 운영하는 사업가(事業家)와 영리를 목적으로 기업에 자본을 대고 그 기업의 경영을 담당하는 기업가(企業家)가 있습니다. 또 경영자(經營者)는 기업의 목적 달성을 위해서 경영 활동을 계획·지휘·조정하는 기업의 관리 주체를 말합니다.

우리 사회에서 호칭으로 널리 사용하는 사장(社長)은 기업의 우두머리로 회사 업무의 최고 책임자를 말합니다. 하지만 회사의 규모가 커지면서 사장을 주인의식이나 유일한 대표이사를 칭하는 것이 아니라 직급의 일종으로 인식하고도 있습니다.

하지만 사업가, 기업가, 경영자, 사장의 의미 차이가 크지는 않습니다. 이 책에서는 같은 개념으로 사용하겠습니다.

사업은 인간의 행위 중 가장 복잡한 것으로, 다양한 분야의 사람과 조직이 복합적으로 만들어 내는 일 중의 하나입니다. 매일 매 순간 우리 주변에서 비즈니스가 일어나고 있지만, 비즈니스의 작동 원리를 완전히 이해하고 행하는 것은 쉽지 않습니다.

대부분의 사업은 기본적으로 사람과 시스템에 의하여 수행됩니다. 기업은 사람에 의하여 만들어지고 다른 사람에게 이익을 전달함으로써 유지됩니다. 먼저 사업 과제의 수행을 목적으로 연관된 사람들 사이에 조직화 된 협력을 통해 조화와 균형의 정신으로 만들어진 힘이 있어야 합니다.

시스템이란 일련의 모든 사업 과정을 결합해 놓은 눈에 보이지 않는 구조를 말합니다. 즉 기업은 동시에 움직이는 여러 가지 부품들로 되어있는 복잡한 시스템과 같으며 각 부분은 사회, 경제, 문화, 산업, 정부 등과 같은 다른 복잡한 체계와 연계되어 있습니다.

사업은 국내는 물론 세계 여러 나라의 사회, 정치, 경제, 문화 등과 같은 영역들이 서로 연계하는 복잡한 시스템입니다. 또 시장, 조달, 재무, 물류, 마케팅, 판매 등의 사업 시스템은 서로 연결된 부분들의 영속적인 조합이며, 이 부분들이 상호작용하고 연합하여 통합된 조직체로 운영됩니다.

기업은 현대를 살아가는 우리 삶의 중요한 일부가 되었고, 사람들 대부분은 기업의 존재를 당연한 것으로 인식하고 있습니다. 우리 주변의 기업들은 매일 우리가 원하는 물건들과 서비스를 조직 구성원과 시스템을 통하여 신속하고 능률적으로 공급하고 있습니다.

『퍼스널 MBA』의 저자 조시 카우프만은 기업이 살아남아 존속하려면 다음 5가지가 꼭 필요하다고 합니다.

"첫 번째는 가치 있는 것을 생산하거나 제공해야 하고 두 번째는 이것들이 다른 사람들의 본원적 욕구인 필요(Needs)와 구체적인 욕구(Wants)를 만족해야 하고 세 번째는 이것들을 사람들이 타당하다고 생각하는 가격에 공급해야 하고 네 번째는 소비자의 욕구와 기대치를 만족시켜야 하고 다섯 번째는 사업이 계속 유지될 수 있도록 충분한 수익이 창출되어야 한다."

여자 나이 서른,
기회는 오고야 말았다

세상에서 가장 지혜로운 사람은 바른 길을 가는 사람이다.
—논어

나는 결혼 후, 시간 여유가 있어 논어와 문인화 공부를 했습니다. 운이 좋아 훌륭한 선생님과 좋은 벗들을 만나 그림 공부에 푹 빠져 많은 밤을 지새우며 몇 년을 보냈습니다. 그 덕에 서울의 제법 큰 화랑에서 작품 전시회도 했습니다.

큰애 혼자일 때는 공부하러 가면서 데리고 다녀도 그런대로 괜찮았지만, 둘째 아이가 태어나자 쉽지가 않았습니다. 아파트 아래층에 할머니 한 분이 살고 계셨는데 저희 아이들을 너무 좋아하시고, 가끔 아이들을 맡기면 잘 돌봐 주셨습니다.

하루는 그 할머니에게 보수를 드리겠다고 말하며 아이들을 돌봐 달라고 부탁했는데, 할머니는 돈은 필요 없다고 하셨지만 매월 할머니에게 돈을 드렸습니다. 아이들은 많은 시간을 할머니와 보내게 되었고, 나는 작품 활동에 더 집중할 수 있었습니다.

할머니는 이북에서 내려와 서울 장안동에서 자동차부품 판매업을 하는 할아버지와 군 제대 후 대학교 2학년에 복학한 막내아들과 같이 살고 있었습니다. 어느 날 막내아들의 대학교 등록금을 빌려달라고 해, 빌려주기 시작하여 다섯 학기 등록금을 빌려주었습니다.

하루는 할머니가 의논할 일이 있다며 할아버지와 같이 우리 집에 들르셨습니다. 그리고 할아버지는 나이가 많고 몸이 좋지 않아 더 이상 자동차부품 판매업을 할 수 없으니, 나에게 가게를 맡아서 운영해 보라고 했습니다. 얼마 동안 그 가게를 운영하면 빌려 간 돈은 갚을 수 있을 거라는 말을 덧붙이셨습니다.

나는 "장사 경험도 없고 젊은 여자가 자동차부품 가게를 어떻게 해요"라고 말하며 거절했습니다. 그 후에도 할아버지는 장사가 자리 잡을 때까지 자신이 도와주겠으니, 남편과 의논해 보라고 하면서 몇 차례 더 찾아왔습니다.

하루는 남편에게 자초지종 자동차부품 가게에 관하여 얘기를 했더니, "장사는 무슨 장사, 젊은 여자가 거친 기름쟁이들을 어떻게 감당하려고 당신이 좋아하는 그림이나 그리라."라며 크게 화를 냈습니다. 할아버지에게 부품 가게를 못 하겠다고 대답하고 몇 달이 지났습니다.

그해 연말쯤, 할머니가 나에게 "막내아들이 졸업하고 취직을 했으나 빌려 간 돈을 당분간 갚을 수 없다"라고 하시며 미안해했습니다. 그 대신 할아버지가 부품 가게에 당분간 출근해 도와줄 테니 운영해 보라고 사정하여 어쩔 수 없이 자동차부품 가게를 시작하게 되었고, 이로써 나는 엉겁결에 사장이 되었습니다.

그때 내 나이 갓 서른이었고, 장안동 일대에 자동차부품 가게들이 막 늘어나기 시작할 때였습니다. 나는 그 틈바구니에서 작은 회사의 여자 사장이 되었습니다.

그 당시만 해도 여성이 사회 활동을 많이 하지 않는 시절 (1980년대)이라 여자라는 이유로 제한된 일이 한둘이 아니었습니다.

사업자등록을 하러 세무서에 갔더니 자동차부품 판매업을 하는데 당신이 직접 하는 게 맞냐? 남편은 뭐하냐? 만약 요즘이라면 있을 수 없는 까다로운 면접 과정을 거치고 사업자등록증을 받았습니다.

사업자등록증을 받은 그때부터, 여자인 내가 자동차부품 판매상을 운영하는 것은 온통 자갈밭이었습니다. 거래처를 방문하여 담당에게 명함을 건네면 내 아래위를 훑어보며 이상한 눈초리로 대하는 경우가 많았습니다. 제일 먼저 청바지와 티, 그리고 운동화로 드레스코드를 바꾸었습니다.

핸드폰을 신청하러 갔더니 매월 급여를 받는 남편이 보증을 서야 한다고 하여 남편에게 급히 연락해 남편이 와서야 핸드폰을 개통할 수 있었습니다.

부품을 배달하려면 차량이 필요해 자동차 대금 중 일부는 현금으로 지불하고 나머지는 할부로 사려고 했더니 내 명의로는 안 된다고 하여 남편에게 부탁해 남편 명의로 샀습니다.

구입 신청했던 프레스토 차량이 운전면허증도 따기 전에 출고되었습니다. 차량을 받은 지 열흘 후 첫 번째 운전 면허시험에 운 좋게 합격했습니다. 운전면허증을 받은 날 용감하게 운전을 하고 배달을 했습니다.

초보 운전이라 규정 속도를 지키며 신호 위반하지 않고 주행해 가면, 지나가는 남자 운전자들이 욕설을 할 때도 있었습니다. 어떤 사람은 창문을 열고 손가락질하면서 "집에서 애나 봐라."라고 큰 소리를 지르기도 했습니다.

한번은 고속버스 회사에 부품 배달을 마치고 사무실로 돌

아가는 데 천천히 간다고 한 남자 운전자가 갑자기 내 차 앞
으로 끼어들며 위협 운전을 했습니다. 깜짝 놀라 핸들을 꺾
어 옆 차와 접촉 사고를 내어 보험으로 사고 처리를 한 적도
있습니다.

사장은 자격증이 없다

> 명성을 쌓는 것에는 20년이란 세월이 걸리며
> 명성을 무너뜨리는 것에는 5분도 걸리지 않는다.
> 그걸 명심한다면 당신의 행동이 달라질 것이다.
>   -워렌 버핏-

   사람들은 "사업가는 선천적으로 타고나는 것이다."라 하고, 또 "살아가면서 배우고 공부하면 누구나 사업가가 될 수 있다."라고도 합니다. 이 말은 맞기도 하고 틀리기도 합니다.

   나의 사업가 기질은 엄마로부터 물려받은 것 같기도 하고, 포기하지 않고 쌓은 다양한 사업 경험과 사업에 대한 공부가 몸에 익어 사업가의 자질이 된 것 같기도 합니다.

   엄마는 시골에서 농사 몇 마지기 지어 여섯 남매를 공부시키는 시골 농부의 아내였으나, 매사 일 처리에 배짱이 대단했습니다. 셋째 며느리였지만 집안 대소사에 웃어른과 아래 사람을 끌어가는 리더의 기질이 충분히 있었습니다. 그러다 제가 중학교에 진학할 때 엄마의 용단이 빛을 발휘합니다.

나는 진주 읍내에서 삼십 리쯤 떨어진 정촌면에서 농사를 짓는 인동 장씨 아버지와 능성 구씨 엄마의 다섯 번째입니다. 저의 동기는 첫째 딸 아래로 아들 셋이 있고, 그 아래 저와 막내 남동생이 있어 육 남매입니다.

나의 첫 번째 좌절은 초등학교 6학년 2학기 말 중학교 입학 원서를 낼 때입니다. 큰오빠는 서울에서 한의과대학을, 둘째, 셋째 오빠는 고등학교를 다니고 있었습니다. 아버지와 엄마는 몇 마지기 안 되는 농사로는, 아무리 궁리해도 딸을 중학교에 보낼 묘책을 찾지 못하고 나는 중학교에 진학하는 것을 포기해야 했습니다.

시간은 빠르게 흘러 1년이 지나고, 또 중학교 원서를 낼 때가 되었습니다. 그때 큰오빠가 국가대표 배구선수로 뽑히고 대한항공에 취업이 되었지만, 둘째 오빠가 또 대학에 들어가 집안 형편은 별로 달라진 건 없었습니다. 하지만 엄마는 결정을 내립니다. 엄마는 어떤 일이 있어도 딸을 중학교에 보내겠다고 선언합니다. 엄마의 결심으로 나는 진주여자중학교에 입학할 수 있었습니다.

그 후 명문 진주여자고등학교에 진학하여 졸업하게 되었고, 오늘날의 내가 있습니다. 그 1년의 시간은 내가 인생을 살아가면서 주변 사람들과 더불어 살아가는 지혜를 배울 수 있게 해

준 귀중한 기간이었습니다. 부모님의 사랑과 형제간 우애의 소
중함을 늘 가슴에 새기고 주변 어려운 사람을 배려해야 함을
배우는 소중한 시간이었습니다.

결혼 후 남편과 함께 성당에 나가게 되었습니다. 남편이 태
어나고 자란 곳은 천주교 진주 순교 성지가 있는 마을입니다.
순교자 복자 정찬문 안토니오가 남편의 증조할아버지 항렬입
니다. 1867년 병인박해(丙寅迫害) 때, 집안에 순교자가 생기고
집안이 쑥대밭이 되자 족보에서 파버리고 풍비박산이 되어 정
확하게 잘 알지는 못합니다.

나는 성당에서 구역의 반장을 하게 되었습니다. 반장을 맡
고 보니 기금이 없고, 모임이 활성화되지 않고 있었습니다. 먼
저 기금을 모으고, 모임을 재미있게 만들어야겠다고 생각하고
는 설, 추석 명절과 성당 행사가 있으면 장사를 해서 기금을
제법 모았습니다. 모은 기금으로 참가자들이 경비 부담없이 성
지순례나 봉사활동을 하면서 모임이 예전보다 잘 되었습니다.
내가 이사를 하고 성당을 옮길 때는 돈이 좀 남아있는 통장과
함께 넘겨줄 수 있었습니다. 그 후 남편과 같이 전례단과 사목
회 활동을 하면서 봉사와 조직을 어떻게 운영해야 하는지를
조금 배울 수 있었습니다.

저의 형제 중에 사업을 하는 사람이 아무도 없는 것을 보면, 사업가는 자신의 삶에서 하늘이 주신 작은 씨앗을 자신의 꿈, 배움과 인내로 만들어 가는 것이라 생각합니다.

기업의 사장이 되는 데에는 자격증이 따로 필요하지 않습니다. 남녀노소, 돈이 많거나 적거나, 기술이 있거나 개략적 아이디어만 있든, 혼자 하거나 팀으로 일하는 걸 좋아하든 상관없이 누구나 사업가에 도전할 수 있습니다.

높은 학력이나 좋은 학벌도 꼭 필요하지 않고, 전공이 무엇인지도 중요하지 않습니다. 현대 고(故) 정주영 회장, 애플의 고(故) 스티브 잡스나 마이크로소프트사의 빌 게이츠가 대학을 졸업했거나 무슨 자격증이 있다는 말은 듣지 못했습니다.

세상에는 많은 사업가가 있고, 그 사업가의 모습은 그들의 삶만큼이나 다양합니다. 누구나 자신의 사업 목표를 정하고 사람의 마음과 사업 시스템을 이해할 수 있다면 사업가에 도전하고 그 꿈을 이룰 수 있습니다.

성공한 사업가들은 사업가가 될 제일 중요한 요건으로 명확한 목표와 사람의 마음을 이해하는 능력을 꼽았습니다. 그리고 그들을 늘 지지해주는 가족이 있어야 한다고 합니다. 하지만 출신 배경, 재정적 안정, 훌륭한 인맥을 사업의 성공 요건으로 말하는 사람은 아무도 없었습니다.

수없이 많은 사람들이 서로 다른 조건과 환경 속에서 저마다 멋진 사업가가 되기 위해서 출발하지만, 사업가가 해야 할 기본을 몰라 헤매는 경우가 많습니다. 하지만 각자 살아온 삶과 철학이 다르기에 수학이나 과학처럼 정답이 있지 않고 공식도 존재하지 않습니다. 그 해답은 각자가 사업가의 길을 걸어가면서 찾아야 합니다.

사람들은 '이 세상 대다수의 수퍼리치들은 사업으로 돈을 벌었다. 그래서 사업을 해야 큰돈을 벌 수 있다'라고 말합니다. 하지만 대부분 사업가는 부자가 되지 못합니다. 오히려 그 반대입니다. 사업은 성공할 확률보다 실패할 확률이 훨씬 높습니다. 많은 사람들이 자신의 꿈을 실현하기 위해 사업에 뛰어들지만 망하지 않고 살아남는 사업가는 4퍼센트 남짓이고, 나머지 96퍼센트 도전자는 성공한 사업가의 명부에 이름도 올리기 전에 사라집니다. 정말 어려운 것이 사업가의 길입니다.

사업은 잘 굴러가는가 싶으면 위기가 오고, 위기가 끝났나 하고 일어서면 또 더 큰 파도가 갑자기 앞을 가로막습니다. 사업가도 때로는 울고 싶을 때도 있습니다. 하지만 그런 내색을 누구 앞에서도 할 수가 없습니다. 오롯이 사업가 자신의 몫입니다. 일어나 결단을 하고 또 새로운 길을 찾아내고 앞으로 나아가야 합니다. 성공하는 사업가는 어떠한 어려움이 있어도 포기하지 않고 인내합니다.

사업가라는 직업은 각자의 인생을 자신에게 통째로 선물해 줄 수 있고, 사업가가 되는 순간 자신이 자신을 고용하여 큰 이익을 가져갈 수 있습니다. 그러나 실패하면 모든 것을 잃을 수 있고, 심지어 가족과 헤어지고 감옥에 갈 수도 있습니다. 그러함에도 사장을 하는 이유는 내 삶의 주도권을 내가 가지고 살아갈 수 있기 때문입니다. 사장은 특별한 재능이나 환경에 있는 사람들의 전유물이 아니고 누구나 사장이 될 수 있습니다.

사업한다는 것은 돈 버는 방식 이상의 삶에 의미가 있습니다. 사업은 자신에게 주어진 단 한 번의 인생에서 삶에 주도권을 가지는 아름다운 도전입니다. 도전에서 성공하면 하고 싶은 것을 할 수 있는 자유와 하고 싶지 않은 것은 하지 않아도 되는 자유를 얻습니다. 이런 삶을 위해 사업은 도전해 볼 만한 일입니다.

사업도 사람과 같이 성장한다

성장은 도전과 함께 오며,
사업의 성장은 새로운 기회를 탐험하는 것에 달려 있다.
-피터 드러커

사람과 마찬가지로 사업도 계속 성장하며 발전해야만 살아
남을 수 있습니다. 그 성장 과정을 유아기, 청소년기, 성인기,
노년기의 네 단계로 구분할 수 있습니다.

모든 사업가는 자신의 사업에 대한 꿈과 희망을 가지고 창
업을 합니다. 사업을 시작하는 유아기의 사업가는 할 일이 아
무리 많고 힘이 들어도 기쁜 마음으로 사업에 온 열정을 쏟습
니다. 대부분 이 시기에는 사업가가 그 사업 자체로 사업과 사
업가는 한 몸입니다.

나는 처음 서울 장안동에서 자동차부품 사업을 혼자 시작
했습니다. 나 혼자 사장이고 종업원이고 회사 그 자체였습니
다. 처음 해 보는 장사였지만 물건이 팔리고 수익이 나는 게

신기하고 재미있었습니다. 내가 원하는 세상 모든 것이 다 이루어질 것 같은 기분이라 힘든 줄 모르고 쉬지 않고 일을 했습니다. 매장을 찾아오는 고객에게 물건 팔고, 거래처에서 주문이 오면 배달하고 수익이 생기면 내가 다 쓸 수 있는 신나는 일이었습니다.

사업가는 기업을 운영하면서 성공과 좌절을 경험하고 경영의 어려움을 몸으로 체험하게 됩니다. 기업이 어느 정도 규모가 커지고 매출이 늘어나면, 처음의 방식으로는 사업이 더 성장 발전할 수 없다는 사실을 알게 됩니다. 또 변화하는 환경에서 살아남으려면 사업의 목표와 조직의 필요를 인식하는 기업가 정신에 눈을 뜨게 됩니다.

청소년기는 기업의 규모가 커지고 매출이 늘어남에 비례하여 직원, 시설, 장비가 늘어나기 마련입니다. 사장은 그에 맞는 조직 체계를 만들어 나가야 하는 시기로, 이때는 단순 제품 판매를 벗어나 기업의 핵심 목표와 실행 계획, 그리고 조직 체계를 만들어 나가야 합니다. 경쟁에서 살아남아 성인기로 나아가고 성공하는 기업이 되려면 자신과 조직 구성원을 위한 미래 목표와 계획을 세우고, 이를 구성원과 공유하고 구체화해야 하는 시기입니다.

창업한 당신이 사업가 출신이면, 관리자와 기술자 마인드가 필요하고, 기술자라면, 기업가 정신과 관리의 기술이 필요하고, 당신이 관리자라면 기업가와 기술자 정신을 고려하여 사업 조직을 구성해야 합니다.

나의 경우, 거래처가 늘어나고 회사의 규모가 커지자, 영업사원, 자동차 기술자, 경리 직원을 채용했고, 사무실과 창고 등 시설과 장비를 확충했습니다. 매장을 찾아오는 고객에게 자동차부품을 판매하는 구조에서, 해외 바이어를 상대로 수출을 시작했습니다.

직원과 시설, 장비가 늘어나고 운영자금도 많이 필요했습니다. 갑자기 재무에 대한 걱정이 늘어나 월말이 되면 긴장되기 시작했습니다. 수출 업무도 이전에 해 보지 않은 일이라 공부가 필요했습니다. 또 예전에는 생각하지 않았던 고용신고와 세무서 등 관공서 업무도 조금씩 늘어났습니다.

매출이 늘어나고 직원이 늘어나자, 이전의 조직 구조로는 경영할 수 없다는 위기의식을 느꼈습니다. 앞으로 기업을 어떻게 운영할 것인가 하는 고민과 효율적 경영을 위하여 기업의 목표 설정과 조직 구축의 필요성을 느끼고 대책을 세우기 시작했습니다. 이때가 내 사업의 청소년기입니다.

청소년기에는 경쟁에서 살아남으려고 온전히 사업에 대한 생각으로 늘 긴장하며 기업을 운영하지만, 비극적으로 대부분의 작은 기업은 유아기와 청소년기를 벗어나지 못하고 스스로 주저앉는 경우가 많습니다.

성인기의 기업은 더 넓은 시각을 가지고, 당신이 없어도 운영되는 기업의 단계입니다. 이 시기에 도달한 기업가는 마음속에 품고 있던 자신의 꿈과 비전을 기업의 미래 목표로 구체화하고 사업계획에 의하여 사업을 추진해야 합니다.

이때가 되면 기업의 주요 목표, 전략적 목표, 조직 전략, 관리 전략, 인사 전략, 마케팅 전략을 수립하고 조직과 시스템에 의하여 기업을 운영해야 합니다. 기업이 계속 성장 발전하고 성공하는 기업으로 살아남기 위해서는 급변하는 기업 환경에 적응하고 혁신하여야 합니다.

기업의 브랜드를 키워 가치를 높이고, 기업의 목표에 따라 주식시장에 상장할 수도 있고, 합병 등을 검토할 수 있습니다. 기업의 목표와 계획을 변화하는 기업 환경에 맞추어 수정 보완하고, 목표시장을 전국적 또는 글로벌 마켓으로 전환하는 등 기업 생존을 위해 급변하는 기업 환경에 대처해야 합니다.

지금 내가 경영하는 회사는 고객의 필요(Needs)와 욕구 (Wants)에 맞추어 타사 제품 구매 수출에서 자사 직접 생산시스템으로 바꾸고, 수입국 현지법인을 설립하여 물류 시스템 및 마케팅 정책을 고객과 시장에 맞추어 경쟁력을 높이는 데 집중하고 있습니다.

현재는 국내 매출보다 해외 현지법인 매출이 더 많습니다. 회사 내부 시스템을 구축하고 글로벌 시장의 큰 흐름에 맞추어 새로운 먹거리와 투자할 곳을 찾아 늘 고심하고 있습니다. 내가 경영하는 회사는 다른 여러 평가 요소를 고려하면 성인기에 진입하는 단계라 생각합니다.

기업도 인간의 삶과 마찬가지로 영원한 것은 없고 흥망성쇠가 있습니다. 세계 최고의 기업도 변화하는 기업 환경과 시장의 요구에 적응하지 못하고 사라지는 것을 우리는 수없이 봐 왔습니다. 살아남아 기업을 성장시키기 위해서는 시장과 고객의 소리에 귀 기울여 새로운 제품을 개발하고 마케팅해 팔아야 합니다.

내가 경영하고 있는 사업도 현재의 시스템으로는 성장에 한계가 있다는 것을 알고 있습니다. 그래서 인도, 인도네시아, 카타르 등의 새로운 시장 확보와 아이템을 찾아 계속 공부하고 준비합니다.

베트남 현지법인 운영은 현지 상황을 고려하여 현지법인에서 책임경영을 할 수 있도록 지원하고 있습니다. 베트남 법인 직원은 나이가 대부분 20~30대의 젊은층입니다. 최근 베트남 시장은 이커머스(E-commerce) 마켓이 폭발적으로 성장하는 등 시장 상황이 빠르게 변하고 있어 현장 중심의 경영이 필요합니다.

장사와 사업은 무엇이 다른가?

장사는 오늘을 위해 일하고, 사업은 내일을 위해 투자한다.
– 워런 버핏

장사는 이익을 위해 물건을 사서 파는 행위라 하고, 사업은 목표를 세우고 성취하기 위하여 지속적으로 업(業)을 경영하는 것이라고들 합니다. 장사든 사업이든 내가 가진 상품이나 서비스를 팔아 적정 이윤을 남기고, 유아기, 청소년기를 거쳐 살아남아야 합니다. 하지만 장사로 시작했던, 사업으로 창업했던 누구나 세상의 흐름을 잘 읽고 노력하면 성공한 기업가가 될 수 있습니다.

장사와 사업을 정확하게 구분하는 기준은 없습니다. 만 사람들은 아래와 같이 구분하고 있습니다.

"장사는 비즈니스가 행해지는 장소가 지리적으로 가까운 사람들을 대상으로 하고, 먼 거리 사람을 상대로 하는 비즈니스를 사업이라 한다"(세이노의 가르침, 세이노).

『사장학 개론』 김승호 저자는 장사와 사업을 다음과 같이 구분하고 있습니다.

"첫째, 사장의 업무 능력이 직원보다 뛰어나면 장사고, 직원들이 사장보다 뛰어나면 사업이다.

둘째, 시장의 규모로, 사업체의 가장 큰 경쟁자가 나와 가깝게 있으면 장사의 영역을 벗어나지 못한다. 즉 나의 주요 경쟁자가 어디에 있는지, 전 세계 어느 나라의 어떤 회사인지에 따라 사업의 확장성을 가지기 때문이다.

셋째, 수익을 만드는 방식에서, 수입을 자신의 노동력에서 만들어 내면 장사고, 구성원 모두의 조직화 된 협력에서 수입을 창출하면 사업이다."

장사나 사업이나 경쟁자들과 경쟁하여 살아남아야 하기에 위험(risk)은 피할 수 없습니다. 장사는 업의 범위가 지역 위주로, 개인의 영리에 목적을 둔다고 보면 사업에 비하여 위험이 적다고 할 수 있습니다.

사업은 그 대상 영역이 전국 또는 세계적으로 크고, 거시적 관점에서 사회를 발전시키고 다른 사람에게 도움을 주는 장기적 목표에 있다고 보면 사업 환경 변화에 대한 그 위험이 더 크다고 할 수 있습니다.

요약 정리하면 업을 수행하는 동안, 위험이 상대적으로 적은 것은 장사고, 위험이 큰 것은 사업이라고 할 수 있습니다.

장사나 사업을 함에 있어 개인사업자이건 법인사업자인지는 중요하지 않습니다. 사업자의 선택은 세법에 정해진 소득세 절감을 위해 본인이 선택할 사항이나, 사업의 규모가 커지고 매출이 증대하면 대부분 법인사업자로 전환하게 됩니다.

나 역시 처음 창업한 자동차부품 판매업의 경우 개인사업자로 등록하고 매장과 창고에 자동차부품을 쌓아두고 매장을 찾아오는 고객을 상대로 판매했습니다.

그러다 사업 업종과 매출이 점차 늘어나 회계사의 자문에 따라 법인사업자로 전환했고, 지금은 사업 업종에 따라 제조·수출하는 법인, 면세점, 화장품 제조·판매와 베트남 현지법인 등 몇 개의 법인과 개인사업자로 구분 등록하여 경영하고 있습니다.

사장의 인격은 기업의 얼굴이다

사장의 인격은 기업의 심장이다.
그의 리더십과 비전이 기업의 성패를 좌우한다.
―잭 웰치

사람들은 '탁월한 기업으로 성공한 사업가는 특별한 비법이 있지 않을까?'하곤 말합니다. 내가 만난 성공한 사업가들은 늘 꿈을 꾸고, 도전하고 어떠한 실패에도 포기하지 않는 열정을 지닌 사람들일 뿐, 특별히 그들만이 가지고 있는 사업 성공의 비법은 없었습니다.

굳이 성공할 수 있는 사업가의 자질이라면, 이런 부류의 사람들이 사업을 해 나가면서 만나게 될 수많은 어려움을 잘 견디어 성공의 길에 좀 더 가까이 갈 수 있으리라 생각합니다.

첫째, 자신이 주도적으로 일을 하는 것이 편하다.
둘째, 위험을 감수하며 위험에 도전할 자신이 있다.
셋째, 근무 시간을 스스로 정하고 싶다.

넷째, 내가 하는 일에 대하여 스스로 가치를 찾고 싶다.
다섯째, 내 열정과 아이디어가 언젠가 보상받을 것을 기대한다.
여섯째, 기업 경영을 통하여 다른 사람의 삶을 개선하고 싶다.

사업을 시작하는 모든 사업가의 내면에는 사업가, 관리자, 기술자라는 세 가지 범주의 인격이 존재합니다. 기업의 모든 구성원은 이 셋 중에 한 부류의 사람들입니다. 인간은 태어나면서부터 사업가, 관리자, 기술자의 자질을 온전히 가진 사람은 없고 각각 어느 정도의 자질을 지니고 있습니다. 마이클 거버는 저서 『사업의 철학』에서 "일반적인 작은 기업 사업주의 성향은 사업가 10, 관리자 20, 기술자 70의 인격 비율을 지닌다"라고 했습니다.

이 세 가지 인격은 서로 다른 사람에게 지배받지 않기 위해 창업을 하고, 이때부터 갈등이 시작됩니다. 그 이유는 창업 후 조직을 구성하고 기능이 나누어지면서 한 인격에 다른 인격이 따라야 하기 때문입니다. 사업가, 관리자, 기술자라는 세 인격 사이에 전투가 벌어지게 마련입니다. 비록 혼자서 하는 작은 기업에도 사업가의 내면에서 갈등과 다툼이 벌어집니다.

사업가는 평범한 일상을 특별한 기회로 바꾸는 공상가이자 몽상가로 늘 미래를 꿈꾸는 사람입니다. 또 늘 변화에 도전하고 과거나 현재가 아닌 미래를 살아갑니다. 미지의 세계를 탐색하고 작은 기회에서 가능성을 찾아내고, 혼돈을 화합으로 바꾸어 새로운 세계로 나가는 우리 내면의 창조적 인격체입니다.

사업가는 늘 모든 것을 자신의 통제하에 두고, 자신이 상상하는 미래의 삶을 위해 주변 사람들과 상황을 통제하려고 합니다. 그리고 자신의 꿈을 실현해 나갑니다. 사업가에게 관리자와 기술자의 대부분은 자신의 꿈을 향해 나아가는 데 방해가 되는 골칫거리로 보일 수도 있습니다.

관리자의 인격은 실용적인 것으로, 관리자가 없다면 기업의 계획이나 질서도 없으며 미래도 예측할 수도 없습니다. 관리자는 변화보다는 사업가가 창조한 것을 현재 상황에서 문제를 찾아 질서 정연하게 정리하는 사람입니다. 사업가의 비전과 관리자의 실용주의 사이에는 늘 긴장이 있게 마련이고 바로 그런 긴장들이 통합 조정되어 성공하는 기업으로 나아가는 길이 만들어집니다.

기술자는 아이디어를 실행하는 사람으로 실질적인 작업 방법에 중심을 두게 됩니다. 기술자는 세상의 모든 아이디어를 어떤 방법으로든 구체화해야만 그 가치를 인정합니다. 기술자는 늘 현재에 중심을 두고 일하는 것이 행복하지만 한 번에

한 가지 일만 하려고 합니다.

종합하면 사업가는 꿈을 꾸고, 관리자는 문제해결을, 기술자는 실질적인 작업 이행에 중심 가치를 둡니다. 기업 경영에 있어 질서를 잡을 관리자나 직접 일을 하는 기술자 없이 사업가만의 사업 성공은 있을 수 없습니다.

사업가는 세상에 의문을 품고, 새로운 세상을 상상하고 꿈꾸고, 어디에든 있을 가능성을 모을 수 있는 만큼 모아 창조의 길로 갑니다. 과거가 아닌 미래를 지향하면서 창업하고 사업을 진행하면서 단계마다 사업가의 인격이 그 힘을 발휘하고 나아갑니다.

사업가는 전체적 관점에서 사업을 조망하고 그곳에서 부분을 끌어내 통합적 비전을 만들어 갑니다. 사업가는 사업의 전체 요소들을 통합된 시스템으로 봅니다. 그리고 각각의 요소들이 제 기능을 발휘하여 목표하고 계획한 결과를 이뤄내는 체계적인 사업 방식에 관심을 집중합니다.

나는 처음부터 사장으로 시작해 지금에 이르다 보니, 기업의 경영자로서 전체를 통찰하여 방향 설정하는 부분은 조금 강점이 있습니다. 하지만 관리자나 기술자가 수행해야 하는 세부적인 상황에서는 아직도 부족합니다.

사무실에 앉아 있는 시간보다는 외부의 다양한 사람들을 만나고, 변화하는 세상의 흐름에 귀 기울여 새로운 아이템을 찾기 위해 늘 공부합니다. 오늘날과 같이 급변하는 글로벌 시대에는 사장이 긴장하고 공부하지 않으면 그 기업의 미래는 누구도 보장할 수 없습니다.

내가 거래하던 기업이 해외 기업에 인수되어 새로운 경영팀이 들어왔습니다. 모기업에서 새로 파견되어 온 사람은 팀장 4명과 한국인 변호사 한 분이었습니다. 총무는 기업 전체의 경영 방침과 인사, 재무는 돈, 기획은 외주 관리, 감사와 변호사는 회사의 규율과 법률 관리로 업무를 구분하였습니다. 기업 경영은 다양한 부분이 복잡하게 구성되어 있지만, 이 네 가지가 기업 경영의 핵심 관리 사항입니다. 사장은 이 핵심적 사항을 늘 체크하고 관리해야 합니다.

베트남 캔디여왕 장사장의

사장학 개론

PART 2

사장은 업(業)의
철학이 있어야 한다

사장은 목표가 분명해야 한다

사장의 목표는 기업의 운명이다.
명확한 목표는 성공으로 가는 지도를 그려준다.
–리처드 브랜슨

"성공하는 사업가는 자신의 삶을 목표한 대로 적극적으로 창조해 나가고, 그 나머지 사람들은 자신들의 삶이 어디로 가는지 모르고 그냥 흘러가는 삶을 살아갑니다. 사업에 목표가 없다면 당신이 지금 어디에 있는지, 어디로 가야 하는지 알 수가 없을 것입니다."라고 『사업의 철학』 저자 마이클 거버는 말합니다.

사업의 목표는 당신의 사업을 삶으로 이끄는 동시에 삶을 사업으로 이끄는 데 필요한 비전입니다. 목표는 당신에게 사업의 목적과 에너지를 제공하며, 매일매일 당신에게 삶의 의미를 깨닫고, 살아 숨 쉬는 의미를 깨우쳐 줍니다.

성공하는 사업가는 자신의 사업에 비전을 세우고, 매 순간 그 비전을 추구하고 실행해 나갑니다. 그들은 삶과 사업 어느 한쪽에 휘둘리지 않고 주도적으로 이끌어 나갑니다. 성공하는 사업가와 그러지 않은 사업가와의 차이는 자신이 추구하는 삶의 목표를 가지고 충만한 삶을 사는 것과 우연에 의지하며 그저 존재하는 삶과의 차이입니다.

사람이 살아가는 동안 가장 중요한 것은 내가 좋아하는 것을 찾아내는 것이고, 그것을 일생의 업으로 했을 때 가장 행복하고 성공할 수 있습니다. 사업도 마찬가지입니다. 내가 좋아하는 것을 사업화했을 때 성공할 수 있고 행복한 삶을 살아갈 수 있습니다.

사업가는 사업을 시작하기 전에 각자 자신에게 나는 누구인지 물어봐야 합니다. 사업을 시작하기 전에 '나는 누구인지?'를 알아야 내가 무엇을 할 수 있는지 알 수 있습니다.

나는 무슨 운동을, 책을, 노래를, 음식을, 동물을 좋아하는가? 무엇이 나를 가장 행복하게 했던가? 무엇에 몰입한 적이 있었던가? 함께 했을 때 가장 편안한 사람은 누구였던가? 살아오면서 내가 성취한 것 중 가장 보람을 느낀 일은 무엇인가? 내가 원하는 일을 하려면 얼마나 많은 돈이 필요할까? 언제 그 돈이 필요할까? 이것들은 사업의 목표를 세우는 데 필요한 자신에게 해 볼 수 있는 수많은 질문 중의 일부분입니다.

어떤 일을 할 것인지에 대해 『세이노의 가르침』의 저자 세이노는 다음 네 가지 타입으로 구분하고 있습니다.

"첫째, 사람을 상대로 하는 일로 사업가, 의사, 경영자, 음식점 주인, 영업사원 등으로 사업을 하려는 사람에 가장 중요한 자질이다.

둘째, 기록을 상대로 하는 일로 변호사, 회계사, 교수, 경리 등으로 학구열과 응용력이 필요한 직업이다.

셋째, 무생물을 상대로 하는 일로 컴퓨터 프로그래머, 엔지니어, 건축가, 작가, 음악가 등은 창조성이 중요하다.

넷째, 몸으로 하는 일로 운동선수, 발레리나, 성악가 등은 육체적 재능을 필요로 한다."라고 했습니다.

인간은 주변 사람들과의 관계를 통하여 살아가는 사회적 동물이고, 사업 역시 사람들과의 관계를 통하지 않고는 존재할 수 없습니다. 사업을 시작하기 전에 나 자신이 사람 상대하는 일을 좋아하는지, 내 성격이 외향적인지, 내향적인지를 반드시 짚고 넘어가야 나중에 후회를 덜 하게 됩니다.

명확한 사업 목표는 조직 구성원들의 다양한 생각과 마음을 조화로운 협력의 정신으로 한 곳을 향해 나아갈 수 있는 힘을 끌어낼 수 있습니다. 이런 마음을 이루는 힘이 중점 목표 달성을 위해 협력하여 이끌어질 때 사업을 성공할 수 있습니다.

심리학적 측면에서 보면, 사람의 행동은 자신의 마음에 내재 된 지배적인 사고와 조화를 이루면서 나타나는 것으로 알려져 있습니다. 주요 목표가 마음속에 굳게 자리하면서 어떤 목표가 실행될 수 있도록 육체의 물리적 행동을 할 때까지 자신의 온 의식을 그 목표에 집중시키게 됩니다.

명확한 주요 목표를 잠재의식에 새기는 심리학의 원리를 자기암시라고 합니다. 잠재의식은 자석과 같아서 확실한 목적으로 충전된다면 그 목적을 달성하기 위한 모든 것을 끌어당기는 경향이 있습니다.

기업의 미래 목표 없이 열심히 하는 것만으로는 성공적인 기업으로 발전할 수 없고, 명확한 목표가 없는 기업은 마치 방향을 잃은 배와 같습니다. 명확한 목표를 가지고 주어진 과업을 수행하게 된다면 그것을 성취할 때까지 조직의 구성원들은 모든 에너지를 집중할 수 있습니다. 명확한 목표를 정하고 그것을 실행하는 결심을 하는 순간, 그 목표가 자신의 의식을 지배하는 사고가 됩니다. 그리고 그 목표를 달성하기 위한 지식과 정보에 계속 집중하게 됩니다.

성공을 향한 모든 일에는 상응하는 대가와 희생이 따릅니다. 이 세상에 아무런 노력 없이 얻어지는 것은 없습니다. 조직 구성원들이 포기하지 않고 끊임없는 노력으로 목표를 향해 나갈 때 그 결실을 얻을 수 있습니다. 인생이나 사업이나 목표가 명확하지 않고 추상적이고 막연하다면 그 과정과 성과는 미미할 것입니다. 성공은 힘에 기반을 두고 있으며 힘은 조직화 된 노력의 결과입니다.

성공학의 거장 나폴레온 힐은 그의 저서 『성공의 법칙』에서 "16년 동안 16,000명의 자료를 조사 분석한바 실패자로 분류된 95%의 사람들은 인생의 명확한 목표가 없었고, 성공한 사람으로 분류된 5%는 목표가 명확했을 뿐 아니라 그 목적을 달성하기 위한 확실한 계획도 있었다."라고 했습니다.

성공은 사고와 실행의 결과다

성공은 명확한 사고와 과감한 실행에서 비롯된다.
－빌 게이츠

최신 신경과학 이론은 우리의 뇌가 주변 환경을 통해 알고 있는 모든 것을 반영하도록 조직되었다고 합니다. 살아가면서 지식과 경험의 형태로 접하는 모든 정보는 뇌의 시냅스에 저장됩니다. 사람들과의 관계, 가지고 있는 다양한 물건, 다녀본 장소 등 살아오면서 우리가 기억하고 반복적으로 해온 수많은 동작과 행동도 우리 뇌의 복잡한 주름에 각인되어 있습니다.

뇌는 당신이 이미 알고 있고 경험한 바 있으며, 따라서 예측할 수 있는 모든 것들을 반영하는 기존 회로를 활성화하기 때문입니다. 양자 법칙에 따르면 당신의 과거는 이제 당신의 미래가 됩니다.

신경 습관화의 결과, 내부의 마음과 외부의 세계라는 두 가지 현실은 거의 분리할 수 없는 것처럼 보입니다. 당신이 어떤 문제에 대해 멈추지 않고 계속해서 생각한다면, 이때 당신의 마음은 당신의 삶과 하나가 됩니다.

현실에 대한 양자 모델은 삶을 변화시키려고 한다면 내가 생각하고 행동하고 느끼는 방식을 근본적으로 바꾸라고 합니다. 나의 존재 상태를 변화시켜야 합니다. 생각하고 느끼고 행동하는 방식이 본질적인 나의 성격입니다. 따라서 새로운 개인적 현실, 새로운 삶을 창조하려면 새로운 성격을 창조해야 합니다. 변화한다는 것은 결국 나의 현재 상황과 환경을 뛰어넘어 더 크게 생각하고 행동한다는 것입니다.

간디, 링컨, 에디슨과 같이 현실보다 더 크게 생각한 위인들은 모두 양자장 속에 잠재성으로 존재하는 미래 현실을 마음속에 하나의 이상으로 가지고 있었습니다. 그들은 모두 자신보다 훨씬 더 큰 꿈이나 비전, 목표를 가지고 있었습니다.

그들은 모두 자신이 세운 목표를 믿었고, 그 꿈이 이미 현실로 이루어진 것처럼 살았습니다. 그들은 운명을 볼 수도 들을 수도 맛볼 수도 없었지만, 그들은 마음속에 그리던 것이 이미 현실인 것처럼 행동했습니다. 변함없이 확고한 신념으로 목표를 생각하고 행동할 때, 외부 환경의 악조건을 뛰어넘어 자신의 목표를 성취할 수 있습니다.

상상력은 자신의 삶 속에 있다

> 상상력은 자신의 삶 안에 있으며,
> 그것이 우리의 한계를 넘어서게 한다.
> ―로버트 프러스트

나는 그림을 그리다 뜻하지 않게 사업가의 길로 들어섰습니다. 처음에는 그림 그리는 것과 사업은 전혀 관련이 없다고 생각했습니다. 하지만 시간이 지나고 보니, 사업과 그림 그리는 것은 닮은 점이 참 많습니다. 그림 그리는 것이나 사업이나 아이디어 싸움입니다. 세상을 많이 보고 경험하고 거기에서 찾아낸 아이디어로 자신의 작품과 제품을 세상에 내놓는 것입니다.

그림 그리기와 사업 둘 다 일단 그 일에 몰입하여 미쳐야 하고 포기하지 않아야 합니다. 그림은 자신이 만족하는 작품 하나를 얻기 위하여 수많은 실수와 반복되는 작업 끝에 어느 순간 감을 얻고 자신의 작품 세계를 만들어 갑니다. 사업도 끝까지 포기하지 않고 인내해야 거듭되는 실패를 이겨내고 성공하는 사업가의 길을 찾아갈 수 있습니다.

내가 아이디어를 얻고 사업 아이템을 찾는 곳은 일상의 삶터입니다. 또 내가 살아가면서 만나는 사람들과 모임도 아이디어를 얻는 곳입니다.

서울에서는 명동, 남대문시장, 동대문시장, 경동시장 등 사람들이 많이 모이는 곳을 자주 갑니다. 특히 외국인이 많이 찾는 명동은 서울에 있는 동안에 시간 나는 대로 찾아갑니다.

세계 각국의 다양한 사람들이 명동을 방문합니다. 나는 그 사람들의 얼굴 생김, 옷차림과 행동을 보고 어느 나라 사람인지 알 수 있습니다. 세계 여러 나라를 방문하고 외국인 면세점을 하면서 많은 외국인을 만나보고 대화를 한 덕분입니다.

어디를 가던 판매하는 제품이나 진열 매장 등 모든 걸 자세히 보는 습관이 있습니다. 색다른 게 있으면 직접 사보고, 맛보고 먹어봅니다. 길거리를 걷다가 이전에 못 보던 간판이나 전광판이 있으면 자세히 들여다봅니다.

식당의 메뉴나 음식의 맛과 디자인도 유심히 봅니다. 옆자리 앉은 손님들은 어떻게 알고 찾아오는지, 무슨 메뉴를 주문하는지, 무얼 맛있게 먹는지 등 유심히 관찰합니다. 그러다 눈이 마주치면 웃으며 자연스럽게 대화도 합니다.

나는 다양한 단체에 가입하여 활동하고 사람들의 모임에서도 관심을 가지고 그들의 행동과 말을 자세히 보고 잘 듣습니다. 특히 나라 구분 없이 각 나라의 대사관에서 주관하는 모임에는 빠지지 않고 참석하여 인사하고 잘 교류합니다. 대사관 모임에서는 대사님과 상무관과는 다음에 연락할 수 있도록 관계를 맺습니다.

외국에 가더라도 가능한 많은 곳을 돌아다녀 봅니다. 사람이 많이 모이는 백화점, 대형마트, 전통시장과 유명 리조트에도 직접 가서 보고 느껴봅니다. 해외 현지에서 고맙게도 집에 초대하는 분이 있으면 기꺼이 초대에 응하고 같이 즐기기도 합니다. 현지어를 하는 사람들과 같이 갈 때도 있지만 그냥 혼자 가서 물건을 사기도 하고 음식을 사 먹기도 합니다. 이때 새로운 아이디어나 사업 아이템을 얻기도 합니다.

나는 해외여행을 가더라도 꼭 한국인 그룹과 같이 가지는 않습니다. 사실 같은 언어를 쓰는 사람과 같이 있으면 편리할 수도 있지만 그렇지 않을 때도 있습니다. 가끔은 전혀 언어가 통하지 않는 사람과 함께하는 것도 필요합니다. 그럴 때는 그 사람 본래의 참모습을 볼 수도 있습니다. 첫날은 조금 서먹서먹할 수 있지만, 하루 지나면 아이들부터 마음을 열어가게 됨니다. 지금까지 내가 보지 못한 또 다른 세상을 볼 수 있고 새로운 아이디어를 얻기도 합니다.

지난 구정에는 베트남 호치민에서 버스를 타고 캄보디아를 여행했습니다. 예전에 인천에서 캄보디아를 여행할 때는 비행기로 갔지만, 이번에는 호치민에서 앙코르와트가 있는 씨엠립까지 15시간 동안 버스를 타고 갔습니다. 대략 3시간마다 시골 정류장에서 식사하고 쉬면서 갔습니다.

우리 부부를 제외하고는 모두 베트남 사람들이었습니다. 대부분 해외에 거주하는 베트남 사람들이 구정을 맞이하여 고국을 방문하고, 인근 캄보디아로 여행하는 사람들이었습니다. 베트남 사람들이지만 사는 곳은 미국, 프랑스, 일본 등 다양했습니다. 다섯 살 어린애부터 팔십의 노부부까지 다양한 사람들이 모인 그룹이었습니다.

처음에는 언어가 잘 통하지 않고 서먹서먹했지만, 가다가 휴게실 한 번 들르고 나니 모든 게 해결되고 다들 친구가 되었습니다. 다양한 문화를 체험한 사람들을 한곳에서 만나고 이야기 나누는 데서도 새로운 아이디어를 얻기도 합니다.

나는 씨엠립을 20여 년 만에 다시 방문했습니다. 앙코르와트와 톤레샵 호수는 하나도 변한 게 없는데 많이 변해 있었습니다. 예전에 앙코르와트는 사람이 가공하지 않은 거의 발굴 당시의 원형을 볼 수 있었으나, 지금은 보존을 위해 많은 부분이 변하고 훼손되어 안타까웠습니다.

톤레샵 호수는 환경과 사람이 많이 바뀌었습니다. 호수 주변에 중국과 한국 등의 여러 나라 기업이 대규모 리조트 건설하고 있어 조만간 큰 변화가 예상됩니다.

예전에는 호수 위 수상마을을 방문할 때 아무 준비 없이 그냥 갔습니다. 그때 수상마을 교회의 목사님이 학생들을 무상으로 가르치는 학교를 운영했으나 아이들은 학교에 가지 않고 모두 고무대야를 타고 관광객들 뱃전에 다가와 1달러를 구걸했습니다.

이번에는 가이드의 권유에 따라 두유, 음료수와 과자 등을 준비해 갔습니다. 사전에 학교 교장 선생님에게 연락하고 방문하니, 학생들이 줄을 맞추어 앉아 있었고 일부 학생은 우리가 도착하고 나서야 배를 타고 왔습니다. 우리 일행이 준비해 간 선물을 아이들에게 골고루 나누어 주었습니다. 나는 교장 선생님에게 무얼 도와주는 게 좋은지 물어보고, 베트남 드림비나 대표와 의논해 도울 방법을 찾아 돕겠다고 했습니다.

프놈펜은 도시 전체가 작은 중국으로 변해 버렸습니다. 호텔, 식당, 관광지 등 어디든 중국 사람들로 붐비었습니다. 프놈펜 시내 투어 후 저녁 식사를 하고 카지노에 들렀습니다. 카지노에는 중국 사람들이 모두 자리를 잡고 있어 들어갈 수가 없었습니다. 예전 제주도에 중국 관광객이 많이 몰렸을 때와 같은 풍경이었습니다.

내가 하는 이 비즈니스를 참 좋아하고 사랑합니다. 외국에 나가면 내가 보고 싶은 것 보고, 먹고 싶은 것 맘대로 먹을 수 있고, 내 아이디어를 실제 제품으로 만들어 볼 수도 있고, 좋은 사람도 만나고, 돈을 벌어 경제적 자산도 늘일 수 있으니 말입니다. 좋은 사람 만나 서로 얘기하고 놀다 보면 아이디어도 얻어 좋은 제품 만들고 선순환의 연속입니다.

사장의 시간은 멈추지 않는다

> 사장의 시간은 멈추지 않는다.
> 끊임없이 움직이며 기업의 성장을 이끈다.
> —잭 웰치

  세상의 모든 사업은 상상력에서 출발합니다. 우리의 상상이 현실화되기 위해서는 먼저 생각이 있어야 하고, 그 생각을 조직하여 아이디어와 계획으로 바꾸고 그 계획을 실행해야 합니다. 상상력은 아이디어와 현실을 관찰하고 통합하여 새로운 상품으로 창조해 낼 수 있습니다.

  상상력은 과거의 낡은 사고와 사실들을 새롭게 조합하여 새로운 제품이나 사용처를 만들어 내는 능력을 말합니다. 사전에서 상상력은 '지식과 사고를 새롭고 독창적인 체계로 만들어 내는 두뇌 행위, 건설적이고 창조적인 능력으로 시적인 것, 예술적인 것, 철학적인 것, 과학적이고 윤리적인 모든 상상을 포함한다.'라고 정의하고 있습니다.

창조(innovation)는 창의(invention)와 도전(challenge)을 합한 것을 말합니다. 창의는 '아이디어의 제안'입니다. 하지만 창의만으로는 뭔가가 나오지 않습니다. 그 아이디를 실행할 수 있는 도전이 없다면 아무런 결과를 만들어 낼 수 없습니다.

세상은 당신이 아이디어를 가지고 있더라도 그 아이디어가 어디에서 나왔는지 관심을 두지 않습니다. 그 아이디어를 생각해 냈기 때문이 아니고, 그것을 직접 실행하기 때문에 당신에게 가치를 지불하는 것입니다.

세상에 100퍼센트 새로운 것은 없습니다. 인간이 할 수 있는 것은 이미 존재하는 것에다 새로운 아이디어를 더하여 새롭게 조합하여 만들어 내는 것입니다. 만약 자신의 상상력을 적절히 이용할 수 있다며 실패와 실수도 무한의 가치를 지닌 자산이 될 수 있습니다. 상상력을 이용할 줄 아는 사람은 가끔 실패에서도 진리를 발견할 수도 있습니다.

매년 구정 연휴가 되면 많은 외국 관광객이 한국을 방문합니다. 2020년 1월 구정을 앞두고 내가 경영하는 외국인 면세점 남산적송에서는 구정 특수를 위하여 영업 직원을 보강하고 제품을 충분히 확보해 만반의 준비를 했습니다. 그런데 구정을 이틀 앞두고 한국에 첫 코로나 환자가 발생했습니다. 세계 모든 나라가 비자 발급을 제한하고 엄격한 출입국 관리를 하기 시작했습니다. 처음에는 '곧 해결되겠지' 하고 기다렸지만, 그 상태가 장기간 지속되어 어쩔 수 없이 면세점 문을 닫고 휴업을 했습니다.

우리 회사에서 하고 있던 식품과 화장품 수출도 점차 부진해 어떻게 해야 할지 고민을 했습니다. 그러던 중 면역력에 좋다는 건강식품 수요가 조금씩 늘어났습니다. 나는 건강에 좋은 새로운 제품 개발을 해야겠다고 마음을 먹고 준비를 시작했습니다. 마침 TV 재방송 프로그램에서 '히말라야의 야차굼바'라는 동충하초에 대하여 방송을 하고 있었습니다. 그 프로그램에서 동충하초를 명약으로 소개하며 중국의 거부들이 동충하초의 약효를 믿고 히말라야 현지에서 채취하는 전량을 고가에 사들인다고 소개를 했습니다.

현미동충하초(밀리타리스)

동충하초에 대한 자료를 검색해 보니 히말라야 고산지대에서 채취하는 동충하초는 그 양이 소량이고 가격이 높아 가공 제품으로 생산하는 것은 경제성이 없었습니다. 자연산 동충하초를 대체하는 현미 동충하초가 국내에서 개발 생산되어 판매하고 있다는 것을 알았습니다. 제조 공장과 협의해, 액상으로 추출하여 나무상자에 포장한 제품을 출시했습니다. 마침 동충하초가 면역력에 좋다는 프로가 베트남 TV에 방영되었고 그 후 갑자기 주문이 폭주했습니다. 처음에는 제품의 고급 이미지를 위하여 중국에서 생산한 나무상자에 포장하여 수출했습니다.

그러나 중국에서 코로나 환자가 폭증하자 중국의 모든 항구가 폐쇄되어 나무상자 수입이 중지되었습니다. 국내에서 생산하는 제품으로 변경하려고 했으나 국내산은 납품 기간이 오래 걸리고 가격이 높아 바꿀 수가 없었습니다. 짧은 기간 내 대체할 수 있는 포장 방법을 검토하던 중 특수 재질의 종이를 사용하면 나무상자와 비슷한 강도와 질감을 낼 수 있고 사용 후 재활용도 가능하여 종이상자로 포장을 변경했습니다.

드림 동충하초 제품군

액상 파우치로 포장한 동충하초의 인기에 더불어 한약재에 동충하초를 첨가한 동충하초환 제품을 개발했습니다. 또 휴대가 간편하고 먹기 쉬운 동충하초 젤리 제품도 출시했습니다. 우리 회사는 동충하초를 액상파우치, 환제품 및 젤리 시리즈로 개발하여 베트남 시장에서 동충하초 전문 회사로 자리 잡게 되었습니다. 코로나로 인한 수출감소의 위기를 극복하기 위해 고민하다, 코로나를 이겨내려면 면역력 강화가 필요하다는 아이디어에서 출발하여 동충하초 제품을 개발했습니다. 간단한 아이디어에서 출발한 동충하초 제품이 베트남의 백화점, 마트와 전국의 재래시장에 인기리에 판매되고 있습니다.

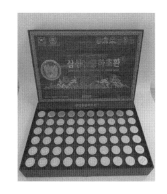

상상력을 이용하여 새로운 것을 창조하는 데는 자기 자신이 직접 상상력을 개발하는 방법과 상상력을 가지고 있는 사람과 연계하는 방법이 있습니다. 모든 사람이 직접 사업가로서 최상의 능력을 발휘할 수 있는 것은 아닙니다. 만약 자신에게 이러한 능력이 부족하다면 그런 능력을 지닌 상상력이 풍부한 사람들과 연계함으로써 성취할 수도 있습니다.

나는 국내 현미 동충하초를 재배하는 농가들을 방문하다 동충하초를 40여 년 연구하여 세계 최초로 현미 동충하초를 개발한 교수님을 만났습니다. 교수님은 강원도의 조용한 시골 농장에서 현미 동충하초를 생산하여 생초 또는 건조하여 판매하고 있었습니다. 또 타 회사에서 OEM 생산 의뢰가 오면 가공하여 소량으로 공급하고 있었습니다.

나는 동충하초 분야의 세계적 권위자인 교수님을 브랜드화하여 세계적인 명품으로 개발하자고 제안하였습니다. 몇 번의 협상을 통하여 글로벌 비즈니스로 진행하고자 했으나 그 농장에는 교수님 외에도 이미 다른 이해관계자가 있어 제품으로 개발하지는 못했습니다.

아이디어는 사업의 기초자산이다

아이디어는 사업의 기초자산이다.
그것이 없으면 아무것도 시작될 수 없다.
-스티브 잡스

사업을 실현하기 위한 중요한 것 중의 하나가 새로운 아이디어를 발굴하는 것입니다. 아이디어는 창업을 위한 사업 기회를 바로 찾아내는 것은 아닙니다. 아이디어는 다듬어지지 않은 야생의 날것 그대로의 상태를 말합니다. 그리고 이러한 아이디어를 사업과 연결하여 사업 가능성을 가진 것이 되었을 때 비로소 기회라고 말할 수 있습니다.

사업 아이디어를 찾는 것은 창업의 원천이 되며, 아이디어를 찾기 위해서는 새로운 생각을 하는 것이 중요합니다. 아이디어를 발굴하는 방법은 다양합니다. 아이디어는 기술적인 변화, 생활 방식과 사고방식의 변화 등 주위의 다양한 원천에서 얻어낼 수 있습니다.

처음에는 내가 좋아하는 것이 무엇인지 생각해 보고 차례로 적어 봅니다. 이때는 사업성이 있는지, 기존 제품이 있는지 등을 걱정하지 말고 여러 가지 아이디어를 생각해 보는 것입니다. 사업에서 가장 중요한 것은 자신이 좋아하는 것에서 아이디어가 나오고, 그 아이디어를 발전시켜 사업의 기회로 만들어 가는 것입니다.

우리의 일상생활에서 아무렇지 않게 지나쳤던 것들에 대해 좀 더 관심을 두게 되면 문제점과 불편한 점들이 보이기 시작합니다. 눈을 더 크게 뜨고, 귀를 기울이고, 만져보고, 느껴보십시오. 먼저 주변에 있는 것들을 관찰하고 그대로 기록합니다.

오감(시각, 청각, 후각, 미각, 촉각)으로 관찰한 것에 대하여 문제점과 개선 방안에 대하여 생각하고 기록해 봅니다. 기존 제품에 대하여 문제점 발견과 개선 아이디어를 찾아내어 기록하는 것입니다. 이때에는 실현 가능성과 불가능을 구분하여 평가하지 말고 최대한 많은 문제점을 도출해 보는 것이 중요합니다. 내가 선정한 기존 제품에 대하여 장점, 단점과 흥미로운 점을 기록하면 됩니다.

다음은 어떤 주제를 선정하고 그 주제에 대한 아이디어를 한번 적어보고, 각자 자신이 궁금해하는 질문을 하고, 대안을 탐색해 적어 봅니다. 우리는 이와 같은 아이디어 도출 도구를 스캠퍼(SCAMPER)라고 합니다. 이는 아이디어가 쉽게 떠오르지 않을 때 상상력을 자극할 수 있도록 새로운 자극을 주는 아이디어 창출 기법입니다. 어떤 주제에 대하여 대체, 결합, 변경, 수정, 타 용도 사용, 제거, 순서 바꾸기 등으로 구분하여 질문하고 결과를 기록하는 것입니다.

베트남 식품 시장에서 단일 품목으로 년 매출 1천만 불을 넘으면 제대로 자리를 잡았다고들 합니다. 대표적인 제품으로 아침햇살, 홍삼캔디, 뽀로로 음료, S두유, 한약재 환제품 등이 있습니다. 나는 이 제품들을 처음부터 수출하였기에 잘 알고 있습니다. 어떤 제품도 시장에서 영원한 강자는 없습니다.

초기 베트남 시장에 한국산 홍삼캔디가 인기가 있었습니다. 하지만 최근 베트남 국민의 소득증대에 따른 식생활의 변화로 혈관질환 및 당뇨 환자가 증가하자 무설탕 시장으로 바뀌었습니다. 아침햇살 음료와 두유 제품은 베트남에서 인기리에 판매되었으나 이 제품들도 단점인 짧은 유통 기간을 극복한 새로운 제품으로 바뀌고 있습니다.

한국산 한약재 환제품에 대한 고객의 수요는 꾸준하나 당뇨 환자는 먹기를 두려워하고 있습니다. 이러한 문제점을 극복하기 위한 방안을 검토하던 중, 한국식품안전처에 당뇨 개선에 도움을 줄 수 있는 건강기능식품으로 인증받은 원재료를 첨가한 한약재 환제품을 개발하게 되었습니다. 기존 한약재 환제품을 당뇨 환자도 먹을 수 있게 하는 아이디어에서 새로운 제품을 만들었습니다.

변화는 두려움이 아니라 창조다

변화는 두려움이 아니라 창조다. 새로운 시작의 원천이다.
                                    −존 F. 케네디

새로운 사업에 대한 아이디어의 원천은 변화에서 출발합니다. 우리가 경험했던 변화들에 대하여 생각해 보고, 그 변화가 어떻게 신상품과 서비스의 도입에 반영되었는지 조사해 봅니다. 여러 가지 변화의 카테고리로 구분하여 여러 사례를 도출하면 됩니다.

예를 들면, 사회적, 인구적, 기술적, 법률적, 정치적인 것과 그 밖의 사례를 열거해 보고 여기에서 사업 기회를 탐색해 볼 수 있습니다. 예를 들면 최근 사회적 요인으로 일하는 여성이 늘어나고, 인구적 요인으로 인구의 고령화 등이 있을 수 있습니다.

위와 같이 관찰, 해석, 문제 찾기, 인기 제품 이해하기, 스캠퍼 등의 여러 방법을 동원하여 제품이나 서비스가 될 만한 아이디어를 도출해 봅니다. 쉽지 않은 일입니다만, 그러다 '아!
세상에 이런 제품이나 서비스가 나오면 좋겠네' 하는 순간이
떠오를 때까지 생각하고, 조사하고, 고민해 보는 겁니다. 아이
디어는 계속 수정하고 보완해 가면 됩니다.

제안된 아이디어는 평가하여 사업의 아이템으로 성공할 수
있을 때, 그 가치가 더욱 빛나게 됩니다. 평가 기준으로는 사
업 성공에 크게 영향을 미치는 고객과 시장, 경쟁자, 공급자,
정부정책과 글로벌 환경 등으로 평가합니다.
고객과 시장 평가는 우리의 제품을 반드시 사줄 핵심 고객
이 얼마나 있는지 알아보는 것입니다. 인구 통계학적 요소로
나이, 성별, 수입, 가족 단위 크기, 교육 수준, 사회적 지위,
결혼 상태 등이 있습니다. 심리적 요소로 차이나타운 등 사회
적 집단, 라이프 스타일과 성격적 특성이 있고 시장 트렌드,
시장의 크기, 시장 성장률 등으로 평가해야 합니다.

경쟁자는 우리와 똑같은 제품을 생산하는 직접 경쟁자, 우
리와 유사한 제품을 생산하는 간접 경쟁자와 고객이 선택할
수 있는 다른 제품인 대체재에 대하여 평가합니다.

공급자는 우리의 제품 및 서비스를 생산하는 데 필요한 공

급 원료는 어떤 것이 있는지, 공급 원료를 제공하는 사람이나 기업은 누구인지, 공급자는 충분한가 등을 평가해야 합니다.

정부 정책은 정부의 법적 규제가 비즈니스에 어떤 영향을 미치는지에 대해서 검토해 봐야 합니다. 특정 사업 분야는 정부의 규제가 사업의 성패를 좌우할 수도 있습니다. 정부의 승인 및 인허가가 필요한 부분인지 확인해야 합니다.

글로벌 환경은 오늘날의 비즈니스에서 아주 중요한 요소입니다. 해외 시장 진출을 추진한다면 그 시간이 얼마나 필요한가? 언제부터 하는 것이 좋을까? 해외 비즈니스 진출 시 경쟁자는 누구인가? 이때 가장 큰 위험(risk)은 무엇이 있는지 조사 평가해야 합니다.

세상의 모든 것은 기존 환경과 시스템에 안주하려고 합니다. 현재는 늘 익숙하며 안전하고 편안합니다. 변화에는 늘 위험이 따르고 모험을 해야 하기에 두렵습니다. 새로운 아이디어로 제품을 개발하고 시장에 출시하는 것은 항상 위험이 있습니다. 기업이 변화를 두려워하고 현실에 안주하고 있으면 도태될 수밖에 없습니다.

아들은 대학교 2학년 때 휴학하고 군에 입대하여 군복무(2년)을 마친 후 제대했는데 당시 나는 사업 부진으로 경제적으로 어려웠습니다. 아들은 대학교에 복학하지 않고 취업을 선택했습니다. 직장에 다니면서 시간 나는 대로 다양한 아르바이트로 돈을 모아 인터넷 쇼핑몰에 여성 의류 판매를 시작했습니다. 창업을 위해 준비한 자금을 모델료, 스튜디오와 촬영비, 시제품 제작 등에 사용하여 제품을 출시했으나 판매가 부진하여 몇 개월 만에 자금이 바닥났습니다.

다시 자금을 조금 모아, 이번에는 카메라 1대를 사서 촬영 방법을 공부하고, 모델은 아는 지인에게 부탁하고, 스튜디오 대신 한강변 예쁜 카페에서 촬영해 사업을 다시 시작했습니다. 운이 좋았는지 겨울용 투피스 한 벌이 대박이 났습니다. 주문이 폭주하여 한 공장에서 다 만들지 못하고 2개 공장에서 만들었습니다. 갑자기 주문이 많다 보니 국내에 원단이 바닥났습니다.

원단을 급히 중국 공장에 주문하여 비행기로 공수하는 소동이 났습니다. 매출과 이익이 늘어나 지난번 손해를 만회하고 제법 큰 돈을 벌었습니다. 예상하지 못한 성공을 하다 보니 의욕이 넘쳐 일본 동경 시장과 중국 상해 시장을 방문하여 패션 트렌드를 조사하느라 다음 신상품 준비를 소홀히 했습니다. 다음 시즌인 봄과 여름옷을 준비하는 시간을 놓쳐 다시 바닥으로 떨어졌습니다.

시장과 고객은 기다리지 않습니다. 변화에 적응하지 못하는 기업은 살아남을 수 없습니다.

최근 베트남 시장을 보면 젊은 고객들이 시장의 트렌드를 주도하고 있습니다. 그들은 실제 경제적 능력도 갖추고 있습니다. 시장은 고객의 취향에 맞추어 하루가 다르게 빠르게 변화되고 있습니다.

내가 연구 발표한 "베트남 소비자의 한류 콘텐츠 인식과 소비 가치가 구매 의도에 미치는 영향(한국상품학회)"에 의하면 한국산 건강식품을 구매하는 주 고객이 20~30대의 젊은 세대이었습니다. 오늘 인기리에 판매되는 제품도 내일은 고객의 반응이 어떻게 변화할지 아무도 모릅니다. 지금 고객의 환호에 안주하지 말고 늘 새로운 아이디어로 신제품을 연구하고 개발하고 고객의 소리에 귀 기울여야 합니다.

베트남 캔디여왕 장사장의

사장학 개론

PART 3

사장은 오케스트라 지휘자다

경영자의 리더십은 정답이 없다

> 경영자의 리더십은 정답이 없다. 다만,
> 끊임없는 배움과 적응이 있을 뿐이다.
> —피터 드러커

기업이 성과를 내고 살아남기 위해서는 변화하는 환경과 수많은 도전에서 이겨내야 합니다. 기업의 경영자는 사업 전체의 흐름을 읽고 나아가야 할 방향을 제시하고, 뛰어난 통찰력과 판단력으로 미래를 대비하는 조직을 구성하고, 구성원 모두의 협력을 끌어내어 힘이 있는 조직으로 이끌어야 합니다.

리더십은 조직의 목표 달성을 위해 구성원이 자발적 능동적으로 행동하도록 동기부여 및 조정하는 창의적인 기술을 말합니다. 즉 리더가 조직 구성원과 손발을 맞춰 환경 변화에 적응해 나가며 조직을 성공적으로 생존시키는 것입니다.

기업의 조직 운영과 경영 전반에서 경영자의 영향력은 절대적입니다. 기업의 흥망성쇠가 경영자의 리더십에 달려 있습니다. 훌륭한 리더는 조직원을 만족시키면서 바람직한 성과를 이루어내고, 성장하고 발전할 수 있는 미래의 모멘텀을 지속적으로 만들어 내야 합니다.

기업의 성과와 발전은 경영자의 리더십과 그릇의 크기에 거의 비례합니다. 오늘날과 같이 기업 환경이 급변하는 시대의 경영자는 전문지식은 물론 기업의 목표, 비전, 조직, 인사, 재무, 마케팅 등 기업 전반에서 리더십으로 기업의 경쟁력을 만들어 내고 살아남아야 합니다.

나는 기업의 경영자가 된 지 37년이 되었지만, 기업과 경영자의 리더십이 뭔지 잘 모르고 허덕이다 많은 시간을 보냈습니다. 회사를 경영하면서 큰 어려움을 겪을 때마다 사업하는 선배님들에게 조언을 듣고 강의나 책을 통하여 조금씩 배워 나갔습니다. 그러다 창업한 지 십여 년이 지나 회사가 조금 자리가 잡히고 수출을 시작하면서 제대로 된 공부를 시작했습니다.

처음 창업은 자동차부품으로 시작하여 돈을 조금 벌었고, 자금이 모일 때마다 새로운 사업 아이템으로 계속 바꾸어 나갔습니다. 세상에는 각 부분에 사업의 신들이 정말 많습니다. 사업이 조금 되나 보다 하면 위기가 오고, 어렵게 그걸 넘어서면 또 다른 위기가 오고 극복하고 그 과정의 반복이었습니다.

그때마다 포기하지 않고 사업 경영하는 안목을 키워 조직을 보완하고 직원들과 손발을 맞추는 노력을 해 나갔습니다. 회사를 경영하는 기술이 눈에 보이지는 않았지만 조금씩 늘었습니다.

계속되는 도전과 실패가 있었고, 그때마다 문제에 답을 얻기 위해 새로운 배움에 도전을 했습니다.

중국 비즈니스를 위하여 중국통상학을 공부하고, 이란 비즈니스 실패 후 앞이 보이지 않을 때, 나 자신 사업가의 자질이 있는지 없는지 해답을 찾기 위해 시작한 것이 가톨릭대학에서의 심리학 공부였습니다. 최근 베트남 비즈니스 경쟁은 더 치열해지고 복잡해졌습니다. 이런 환경에서 살아남는 새로운 방안을 모색하던 중 자연스럽게 베트남 물류사업에 관심을 가지게 되었습니다. 이에 대한 해답을 찾다가 연세대학교 대학원에 들어가 경영학을 공부하게 되었습니다.

기업 경영이라는 게 끝이 없어, 배우면 배울수록 사업 규모가 조금씩 커질수록 더 어려운 것 같습니다. 고심하다 경영학 박사 과정에 도전하여 공부하고 있습니다.

비즈니스라는 게 전문 기술로만 되는 것이 아니고, 사회, 정치, 문화, 심리 등 사회의 제반 요소들이 복합적으로 구성되어 있다는 걸 알았습니다. 이에 대한 답을 찾고자 데일 카네기 최고경영자과정, 연세대학교 AMP 최고위과정과 글로벌유통·마케팅 최고위과정, 고려대학교 법학전문대학교 KNA 최고위과정, 한중 최고위지도자 아카데미 등에서 계속 공부하며 배우고 있습니다. 이러한 과정에서 다양한 기업의 경영자들을 만나 공부하고 배우며, 사회적 관계를 맺어 좋은 관계를 이어가고 있습니다. 여기에서는 학교 수업에서 배울 수 없는 사업 기술과 삶의 지혜를 배우고 있습니다.

몇 년 전까지만 해도 조직의 리더라면, 중후하고 영웅적인 분위기가 강했고, 마치 군대처럼 수직적인 구조가 대부분이었습니다. 하지만 오늘날은 사람들의 의식구조와 욕구 변화에 맞추어 리더십 유형도 바뀌고 있습니다. 최근에는 리더십이 많이 수평화되고 카리스마 리더십보다는 감성 리더십 시대로 변하고 있습니다.

기업 경영에서 경영자의 리더십은 정답이 없습니다. 리더십은 어떤 지위나 권위 같은 것이 아니고 각자 살아온 삶의 방식 그 자체이기 때문입니다. 개개인의 인생 스토리가 다르듯 그 경영자의 삶도 다양합니다. 기업 경영자의 리더십은 인간 자체를 이해하고 기업 업무와 사회관계를 종합적으로 풀어내어 성과를 보여주어야 하는 정말 어려운 기술입니다.

경영자의 리더십은 무엇인가

> 경영자의 리더십은 비전을 제시하고,
> 팀을 그 비전으로 이끄는 능력이다.
> —존 맥스웰

기업 경영에 있어 경영자는 기업의 모든 부분을 책임지고 이끌어 나가야 하는 책무가 있습니다. Stephen P. Robbins는 저서 『조직 행동론』에서 기업 경영자의 역할을 크게 3부분으로 나누었습니다.

첫째, 대인관계 역할입니다.
경영자는 기업의 상징적 존재로 법적, 통상적 일상 업무를 수행하고, 부하 직원에 대한 동기부여와 과업 지시 활동을 담당합니다. 또 후원 및 정보를 제공하는 집단과의 네트워크를 유지하는 활동을 수행해야 합니다.

둘째, 정보 제공 역할입니다.
정보수집 활동 및 내·외부 정보의 중추적 역할과 외부에서 확보한 정보를 내부 구성원에게 전달하는 역할을 해야 합니다. 또 조직의 계획, 정책 실천 사항 및 성과를 외부에 전달하는 역할도 수행해야 합니다.

셋째, **의사결정의 역할입니다.**
조직의 내·외부 환경분석을 통해 새로운 기회 탐색과 변화를 주도하고, 문제 발생 시 조직을 안정시키는 책임이 있습니다. 또 기업의 중요한 의사결정과 주요 협상에서 기업의 대표 역할도 수행해야 합니다.

기업의 리더가 갖추어야 할 덕목은 타고난 본성적 덕목과 교육과 훈련으로 익힐 수 있는 외적 덕목이 있습니다.
기업의 리더가 갖추어야 할 내면의 덕목, 다시 말해 본성으로부터 얻어지는 덕목으로 '진솔함, 겸손, 무사욕, 솔선수범, 희생'이 있습니다. 본성적 덕목은 대부분 리더의 타고난 행동 DNA에 기인한 것일 수 있습니다. 하지만 부단히 노력한다면 살아가면서 갖출 수도 있습니다.

진솔함은 모든 상황을 객관적으로 판단하여, 자신의 유불리를 계산하지 않고 관련 당사자들과 솔직하게 얘기할 수 있는 자세를 말합니다.

겸손은 자신에게 부족함이 있다면 누구에게라도 배울 수 있다는 생각, 동료와 직원 등 타인에게 행하는 예의 바른 행동입니다.

무사욕(無私慾)은 개인적인 이익을 취하기 위하여 부정한 행동을 하거나 편법을 사용하지 않는 것을 말합니다.

솔선수범(率先垂範)은 남보다 앞장서 행동하여 몸소 다른 사람의 본보기가 되는 것을 말합니다. 다른 사람이 시켜서 하는 것이 아닌 스스로 마음에서 우러나 일을 행하는 것입니다.

희생(犧牲)은 조직이 어려움에 부닥쳤을 때, 리더가 어떻게 해결해야 할지 그 해결 방법을 찾고 자신이 무엇을 희생해야 할지 고민하고 행하는 것을 말합니다.

리더가 살아가면서 교육과 훈련을 통해서 갖추어야 할 외적 덕목으로 통찰력, 결단력, 실행력, 지속력이 있습니다.

통찰력(洞察力)은 사물이나 현상을 훤히 꿰뚫어 보는 능력입니다. 즉 다른 사람의 생각을 읽고, 세상의 변화를 살피어 미래를 보는 능력을 말합니다. 사람의 마음이나 미래를 정확하게 예측하는 방법은 없습니다. 폭넓은 독서와 인간관계는 그 힘을 얻는 데 도움이 됩니다. 기업 경영이 다양한 분야의 지식, 정보와 사람이 함께 만들어 내는 종합 예술이라는 점에서 통찰력은 아주 중요한 덕목입니다.

결단력은 결정적인 순간에 판단하거나 단정을 내릴 수 있는 의지나 능력입니다. 사업의 성패는 모든 것이 리더의 결단에 달려 있습니다. 결단의 순간, 최상의 결정을 내리는 것이 좋겠지만 설사 잘못된 결정이라도 제때에 내렸다면 아무런 결정을 내리지 않는 것보다는 낫습니다.

실행력은 결정한 사업안을 적기에 실제로 행하는 능력을 말합니다. 기업의 경영자들은 각자 나름의 사업 목표와 계획이 있습니다. 하지만 미래의 불확실성으로 인한 리스크가 상존하기에 제때 실행하기는 쉽지 않습니다. 세상은 실행되지 않은 아이디어에 대가를 지불하지 않습니다. 아이디어는 실행되었을 때 그 가치를 평가받습니다.

지속력은 어떤 상태를 오래도록 계속 유지하는 힘을 말합니다. 기업의 실적을 평가할 때 보통 현재를 기준으로 평가합니다. 현재 잘 평가된 정책이 미래에는 어떻게 평가될지 알 수 없습니다. 기업의 리더는 자신의 존재 유무와 관계없이 기업이나 조직의 성공을 지속시킬 힘이 지속력입니다.

다음은 사마천이 『사기』에서 제시한 리더의 덕목입니다. 사마천은 한나라 무제 때 태사령으로 근무하다, 이릉(李陵)의 변으로 궁형을 받고도 살아남아 사기를 완성했습니다. 사기 본기 첫 편에 황제가 갖추어야 할 리더십 덕목을 기술하고 있습니다.

사기 130편 중 본기(本紀) 첫 편은 중국의 전설 속 다섯 제왕 '오제(五帝)'에 관한 이야기 '오제본기'입니다. 사마천은 리더가 갖추어야 할 가장 중요한 덕목은 덕(德)이라고 했습니다. 덕은 남의 마음을 내 맘처럼 생각하는 것입니다. 남의 처지를 내 처지처럼 여기는 것입니다. 이 덕은 리더가 끊임없이 자기 수양을 통해 갖추어야 하는 궁극의 리더십으로, 오늘날 크게 성공한 리더들이 말하는 '황금률의 법칙'으로 '입장을 바꾸어 생각하라'는 말입니다.

그리고 하위 리더십 항목으로 침착, 지략, 겸손, 근검절약, 공평무사, 사리 분별을 제시했습니다.

이 세상에는 타고난 본성적 덕목과 배우고 훈련해서 얻을 수 있는 후천적 덕목을 모두 갖춘 완벽한 리더는 없습니다. 본

성적으로 좋은 리더의 자질을 타고났더라도 살아가면서 노력하지 않아 크게 성공하지 못한 리더도 있고, 타고난 자질이 조금 부족하더라도 주어진 삶에서 늘 배우고 익히어 세계적으로 성공한 리더들이 수없이 많이 있습니다. 크게 성공한 기업가들은 타고난 자질과 주어진 환경을 탓하지 않고 변화하는 새로움에 호기심을 갖고 도전하여 꿈을 이루어 낸 사람들입니다.

사업은 조직이다

> 각 구성원의 역할이 명확할 때 조직은 최상의 성과를 낸다.
>
> —존 맥스웰

처음부터 조직을 갖추어 창업하기란 쉽지 않습니다. 현대그룹 창업자 정주영 회장은 미곡상에 취업하여 1937년 쌀가게를 물려받아 운영한 것이 사업의 시작이었습니다.

처음 창업을 하면 혼자서 북 치고 장구 치고 다 해야 하는데 조직은 무슨 조직이냐고 할 수 있습니다. 처음 사업 시작할 때는 조직 체계가 꼭 필요하지 않더라도 사업의 규모가 커지고 매출이 늘어나면 자신의 기업에 맞는 조직 체계를 구성해야 합니다.

창업 초기의 작은 기업에서는 대부분 조직의 기능보다는 개인의 특성을 중심으로 조직을 구성합니다. 즉 책임이나 책무보다는 사람을 중심으로 조직을 구성하게 되고, 그렇게 하고 나면 얼마 지나지 않아 혼란과 문제가 생기게 됩니다.

조직이란 지위나 역할을 부여받은 사람이나 집단이 일련의 목표 달성을 위해 의도적으로 구성된 사회적 단위를 말합니다. 이런 정의에 따라 제조 및 서비스업을 하는 기업을 조직이라 하고, 학교, 병원, 군대, 소매점, 지방자치단체, 정부 등도 조직에 해당합니다.

현대 조직 이론에서는 조직의 구성 요소를 조직, 사람, 정치력, 리더의 리더십, 상징성이라고 합니다. 기업도 결국 사람들이 모인 집단 인지라, 성공하는 기업이 되기 위해서는 조직의 체계와 질서를 갖추어야 합니다.

사업의 조직은 목표 달성을 위해 존재하므로 누군가는 이러한 목표를 정의하고 그 목표를 달성하는 방법을 제시해 주어야 합니다. 이를 수행하는 사람을 기업가 또는 경영자라 합니다.

조직의 목표를 정의하고 목표를 달성하기 위한 전략을 수립하며 제반 업무의 통합 및 조정에 대한 전반적 계획을 개발하는 활동이 계획 기능입니다.

경영자는 조직의 구조를 설계해야 할 책임이 있는데 이를 조직 기능이라고 합니다. 여기에는 어떤 과업이 필요한지, 어떻게 과업 계획을 수립할 것인지, 과업 수행자는 누군인지, 누구에게 보고할 것인지, 의사결정은 어디에서 하는지 등이 포함

됩니다.

 조직 구성원들에게 지시하고 조정하는 것이 경영자의 직무로서 주도 기능입니다. 경영자는 조직원에게 동기부여를 하고 업무 활동을 지시하여 가장 효과적인 커뮤니케이션 채널을 선택해야 합니다.

 기업에서 추진하는 업무가 잘 진행되는지 확인하기 위해 경영자는 조직의 성과를 체크하고, 계획대로 잘 수행되도록 조정해야 합니다. 모니터링, 성과 체크, 방향 수정 활동 등이 통제 기능입니다.

 정치력은 목표와 이해가 다른 사람이 협의하여 새로운 대안을 찾아 나가는 것으로 조직 운영이나 기업 경영에서 필요한 주요 기능입니다.

 상징성은 입학식을 하지 않아도 학교에 다니면 학생이 되지만 입학식이라는 의식을 거침으로써 사회나 구성원이 학생으로 인정하는 것과 같이 서로 용인하는 것을 말합니다.

 내가 창업한 자동차부품 판매 회사에서도 거래처가 늘어나고 해야 할 일이 많아져, 영업 직원, 자동차 기술자와 회계 직원을 채용했습니다. 직원을 뽑았지만, 적은 수의 직원이라 조직 체계도 없고 업무 한계를 명확하게 정하지 않았습니다. 먼저 출근하는 사람이 청소하고, 전화 받고, 배달하고, 사무실에 있는 직원이 배송되어 온 제품을 인수하는 등 특별히 담당 업무를 구분하지 않고 번갈아 가며 일을 해 나갔습니다. 그래도 거래처와 매출이 늘어났습니다.

하지만 얼마 지나지 않아 문제가 생기기 시작했습니다. 직원 간에 명확한 업무 구분이 없다 보니 입고와 재고 수량에 차이가 생기기 시작하고, 한 거래처를 매번 다른 사람이 처리하여 거래처에서도 수시로 클레임이 발생했습니다.

어느 날, 영업을 담당하는 직원이 출근하지 않았고, 확인해 보니 사장에게 아무 말 없이 해외여행을 갔다고 했습니다. 창고 재고를 확인해 보니 적잖은 수량의 차이가 있었고 현금 잔고에도 차이가 났습니다. 각자 정해진 업무가 없다 보니, 문제가 생겨도 누구도 책임을 질 사람이 없고 책임질 수도 없었습니다. 나는 직원들을 믿고 업무를 위임했다고 생각했는데 시간이 바쁘다는 핑계로 업무를 포기하다시피 하여 내가 문제를 일으키게 한 원인 제공자였습니다.

영업을 맡고 있던 친척은 거래처 대부분을 가지고 나갔고, 회계 직원은 판매 대금에서 매일 조금씩 몰래 챙겨 나가 그 금액도 점차 늘어났습니다.

사업을 시작한 후 첫 시련이었습니다. 믿었던 사람으로부터의 배신에 큰 상처를 받고 많은 밤을 지새우며 고민했습니다. 그때는 경황이 없어 잘 몰랐으나 시간이 지나고 나서 생각해 보니, 직원 간의 책임을 구분하는 조직 체계가 없어 발생한 문제였습니다. 어떤 기업이라도 조직 체계가 없으면 업무 결과가 행운과 선의, 조직원들 각자의 개성과 생각에 따라 결정되므로 이에 대한 대책을 세워야 합니다.

작은 기업이라도 목표에 맞게 조직을 구성하는 것이 제일 먼저 해야 할 일입니다. 직원이 둘이나 셋이라도 먼저 조직 체계를 만들고, 사장, 마케팅 담당 임원, 운영 임원, 재무 담당 임원 등으로 구분하여 업무의 책임을 정할 필요가 있습니다.

창업 후 기업이 점차 성장하면 목표에 맞게 조직을 보완하고 그에 맞는 직원을 채용하고 배치하여 정해진 직무를 수행해야 합니다. 각 부서에서는 직무와 직책의 체계를 확립할 필요가 있습니다. 처음에는 한 사람이 여러 가지 일을 하고, 담당 임원과 직원의 일을 동시에 하지만 미래를 위하여 담당 직원이 해야 하는 업무 매뉴얼을 만들어야 합니다.

각 직책에서 어떻게 하면 고객에게 최고의 서비스를 제공하고, 회사의 매출과 이익을 극대화할 수 있는지 등을 고려하여 업무 매뉴얼을 만들고 기업의 규모에 맞게 각 부서의 직원을 채용하고 훈련해야 합니다.

작은 기업이라도 조직 체계가 없으면 혼란과 불화, 갈등이 있게 마련이고, 조직 체계가 있으면 사업의 목적에 맞게 전체의 틀이 잡히게 됩니다. 조직의 목표와 체계가 있으면 조직원 사이의 협력을 불러일으켜 변화하는 환경에 적응할 수 있고, 나아가 사업 전체가 시스템에 의하여 잘 운영될 수 있습니다.

기업의 명운을 가르는 인사(人事)

> 적합한 인재를 채용하는 것은
> 기업의 성패를 좌우하는 결정적 요소다.
> −빌 게이츠

사람들은 흔히들 '인사(人事)가 만사(萬事)다'라고 말합니다. 이 말의 뜻은 무슨 일을 하든 사람이 제일 중요하다는 뜻입니다. 맞습니다. 일이라는 게 사람을 빼고 나면 별 의미가 없습니다. 아무것도 할 수가 없습니다. 일을 행하기 전에는 그저 생각에 불과하지만, 사람이 일을 하는 순간에 그 일은 세상에 영향을 주게 됩니다.

사업을 혼자 시작하든, 여러 명이 시작하든 사업 규모가 늘어나고 어느 단계가 되면 함께 일할 직원을 뽑아야 할 때가 오게 마련입니다. 이때 사장은 자신이 꿈꾸는 사업계획에 맞는 인재를 어떻게 알아보고, 어디서, 어떻게 찾아낼 것인가를 고민하게 됩니다. 직원을 어떻게 채용해야 하며, 급료는 얼마나 주어야 할까? 그러나 현실의 벽을 실감하는 데는 많은 시간이 걸리지 않습니다.

능력 있고 똑똑한 경력 직원을 뽑고 싶겠지만 그런 사람을 채용하는 것은 쉽지 않습니다. 직원 수도 적고 사무실도 좁은, 일을 시작한 지 얼마 되지 않은 작은 회사에 무얼 믿고 유능한 사람이 취업을 하겠어요? 넉넉하지 않은 보수에 직원을 뽑아도, 얼마 가지 않은 어느 날 갑자기 '사장님, 드릴 말씀이 있어요'. 하고는 사직원을 내미는 경우를 맞이하게 될 수도 있습니다.

내가 창업한 자동차부품 사업은 혼자 시작했습니다. 거래처와 매출이 늘어나 영업 직원, 자동차기술자와 회계 담당을 채용하고 직원들을 믿고 일을 다 맡겼습니다. 그런데 이게 문제였습니다. 내가 직원에게 업무를 맡긴 것은 위임이 아닌 포기의 방식이었습니다. 자동차부품과 회계를 잘 모르다 보니 업무에서 도망을 간 것이었습니다.

사장은 어렵고 힘들다고 피할 수 있는 자리가 아닙니다. 나는 비싼 대가를 치르고 나서야, 사장은 회사에서 장구치고, 북치고 모든 것을 알아야 하는 것을 알게 되었습니다. 직원을 채용할 때는 사장이 모르는 업무를 대신할 직원을 뽑는 건지, 사장이 업무를 잘 알고 있으나 시간의 효율적 사용을 위하여 채용하는 직원인지를 구분해야 합니다.

사장이 잘 모르는 업무를 위한 담당 직원을 뽑으려면 비싼 비용을 지불해야 하고, 상대적으로 사장이 잘 아는 업무는 적은 비용으로 직원을 채용할 수 있습니다. 사장이 업무를 잘 알지 못하면, 어디에서 어떻게 해서 배우더라도 기본적으로 풍월은 읊을 줄 알아야 합니다. 그래야 사장이 가고자 하는 목표와 방향대로 기업을 끌어갈 수 있습니다.

그 후 면세점 사업을 할 때, 또 한 번 직원 채용으로 큰 혼란을 겪었습니다. 초창기, 한국의 사후 면세점은 대부분 중국 화교들이 운영하고 있었고, 그 운영 기법과 판매 직원 확보에 대한 정보를 얻기가 매우 어려웠습니다. 여러 경로를 거쳐 판매 사원의 절반 정도는 경력자, 나머지는 신입사원으로 선발하여 영업을 시작했습니다. 하지만 출신 국가별, 같은 나라라도 출신 지역별, 학교 교육의 정도, 결혼자와 비혼자 간 여러 가지 문제로 직원 간에 불화가 있었고, 그러다 보니 영업 실적이 좋지 않았습니다.

우선 면세점 영업을 3개월간 중지하고, 일부 문제있는 직원은 퇴사시키고 신규 직원을 보강하여 전문가를 초빙하여 고객 응대 등 한 팀으로 만드는 여러 가지 교육을 처음부터 다시 시작했습니다. 사장(필자)부터 제품에 대하여 자세히 공부하고 교육에 직접 참여했습니다. 전문 분야에서 타 회사의 경력자를 채용할 때에는 사장이 그 분야에 대하여 어느 정도 알고 있지 않으면 기업은 사장의 사업 목표대로 굴러가지 않습니다.

사업할 때 친척이나 친구를 직원으로 채용하는 것을 나는 추천하지 않습니다. 모두 다 그렇지는 않겠지만 그 직원이 잘할 때나 못할 때 둘 다 문제가 있고, 이 문제로 사장이 신경을 써야 할 경우가 자주 발생합니다.

기업의 경영 현장에서 발생하는 모든 문제는 사람과 관련된 것들입니다. 나는 다음의 요건을 갖춘 사람이라면 인재가 될 자질이 있고 나머지는 사장의 그릇에 달려 있다고 봅니다.

첫째, 오늘날과 같은 글로벌시대에는 다양한 분야에 호기심을 갖고 접근하는 사람은 인재입니다. 내가 잘하는 분야가 아니어도, 그 분야의 전문가나 책을 통하여 새로운 것을 배우려는 자세가 있으면 무엇이든 해낼 수 있습니다.

둘째는 다른 사람의 말을 잘 경청하는 자세를 가진 사람입니다. 자신이 만나고 상대하는 사람으로부터 모든 지식과 정보를 얻을 수 있습니다. 상대의 말에 귀 기울이지 않는 사람은 상대로부터 신뢰를 얻을 수 없습니다.

셋째는 매사에 긍정적이고 열정적인 사람입니다. 부정적인 생각과 열정은 전염성이 매우 강합니다. 부정적인 생각은 순간에 조직 전체를 망가뜨릴 수 있고, 긍정과 열정은 마음뿐 아니라 개인의 신체와 조직 구석구석에 에너지를 주는 행동의 원동력입니다.

사람 관리 즉 인사의 중요성은 동서고금이 따로 없습니다. 2,160여 년 전, 사마천의 사기에 나오는 인재 정책에 관한 글입니다. 기업의 규모나 기업가의 생각에 따라 다를 수도 있지만 공감되는 부분이 있어 소개합니다.

安危在出令 存亡在所用　안위재출령 존망재소용
'나라의 안위는 어떤 정책을 내느냐에 달려 있고, 나라의 존망은 어떤 사람을 등용하는가에 달려 있다.' 이 글은 인사의 중요함을 강조하는 정책입니다.

이어서 춘추 전국시대 진(秦)나라 목공(繆公)의 인재 선발 정책입니다. 당시 진나라는 낙후된 나라로 강국이 되려면 개혁을 위한 인재가 절실하게 필요한 때였습니다. 목공은 유능한 인재 초빙을 고심하다가 당시로는 파격적인 '사불문(四不問)' 정책을 내 세웠습니다. '사불문'은 '네 가지를 묻지 않겠다'는 것입니다.

'첫째, 신분이나 계급을 따지지 않는다. 둘째, 나이를 따지지 않는다. 셋째, 국적을 따지지 않는다. 넷째, 민족을 따지지 않는다.'

목공은 이러한 파격적인 글로벌 인사정책으로 천하의 인재를 등용하여 춘추오패(春秋五霸)의 세 번째 맹주가 되었습니다. 여기서 우리는 어디에서, 어떻게 인재를 찾을 것인지 그 답을 찾을 수 있습니다.

세상에 완벽한 인재는 없습니다. 처음부터 훌륭한 인재를 찾아내기는 정말 어렵습니다. 나는 '어떻게 인재를 뽑을 것인가' 보다 '어떻게 인재를 키울 것인가'에 더 관심을 두는 것이 인사의 기본이라 생각합니다.

사장은 재무관리 대표사원이다

현명한 재무관리는 기업의 성공을 견인한다.
—피터 드러커

대부분의 기업 경영자들은 재무관리를 어렵게 생각하고 배우거나 공부하는 것을 좋아하지 않습니다. 하지만 기업이 어느 단계로 성장하면 재무관리는 경영자가 필수적으로 공부해야 하는 중요한 부분입니다. 재무관리는 기업 경영의 생명 줄과 같습니다. 사장은 기업의 대표사원으로서 효율적인 재무관리를 해야 합니다.

나는 사업 초기 재무관리의 중요성을 잘 몰랐습니다. 회사의 규모와 매출이 조금 커지면서 정부 관련 업무와 금융, 투자 업무 등을 수행하면서 필요성을 알게 되었습니다. 하지만 막연히 어렵게 생각하고 공부하지 않았다가 대학원에서 재무분석, 투자론, 회계학 등을 공부하면서 대강의 틀을 잡았습니다.

기업은 자본, 노동, 기술 등의 생산 요소를 투입, 재화 및 서비스를 생산하여 소비자에 판매하는 활동을 수행합니다. 재무관리는 기업의 목표를 달성하기 위해 기업이 필요로 하는 자금을 적기에 조달하고 효율적으로 운용하고 관리하는 것을 말합니다.

기업의 재무관리 기법에는 다양한 기법이 있으나 여기서는 기업 경영자가 알아야 할 투자 결정, 자본 조달 결정, 배당 결정, 재무 자료 분석, 재무 건전성 평가, 현금흐름 관리, 위기관리에 대하여 기술하고자 합니다.

투자 결정은 어떤 사업에 어떤 규모로 투자할 것인가에 대한 의사결정을 말합니다. 즉 취득해야 할 자산의 종류와 규모에 대한 의사결정으로 이에 따라 기업의 미래 수익성, 성장성, 영업 위험이 달라집니다. 투자 결정은 단순히 그 해당 프로젝트 타당성 검토만으로 하지 않고 기업의 전반적 상황을 종합적으로 고려하여 결정해야 합니다.

자본조달 결정은 투자에 필요한 자본을 어디에서 얼마만큼 조달할 것인가에 대한 의사결정으로, 이에 따라 기업의 자본 구조, 재무 위험, 자본 비용이 달라집니다. 장·단기 사업계획을 종합적으로 분석하여 자본 조달 결정을 해야 합니다.

배당 결정은 투자의 결과로 실현된 순수익을 어떻게 나눌 것인지에 대한 결정으로, 주주들에게 나누어 줄 배당금과 회사가 보유할 유보 이익을 나누는 의사결정을 말합니다.

재무자료 분석은 기업의 회계 및 재무자료를 수집, 분석하여 정보 이용자에게 필요한 정보를 제공하는 기능을 말합니다. 재무자료 분석에 필요한 자료는 여러 가지가 있으나 주된 회계자료는 재무제표입니다.

재무건전성 평가는 현재 이 기업이 잘 운영되고 있는지, 또는 겉보기만 멀쩡한지 확인하기 위한 평가입니다. 기업의 재무건전성 평가 지표로는 다음과 같은 요소들이 있습니다.

ROE(Return On Equity, 자기자본이익률)는 순이익을 자기자본으로 나눈 비율입니다. ROE는 자기자본에 대하여 얼마나 많은 이익을 얻었는지를 평가하여, 자기자본의 운영이 얼마나 효율적으로 이루어졌는지를 나타내는 지표입니다. 즉, 기업이 자기자본을 활용해 1년간 얼마를 벌어들였는가를 나타내는 대표적인 수익성 지표로, 경영 효율성을 표시합니다.

자기자본이익률(ROE) = (순이익÷자기자본)×100 공식으로 산출합니다. 순이익은 일정 기간 동안 기업이 벌어들인 총이익에서 모든 비용을 차감한 금액입니다. 자기자본은 총자산에서 총부채를 차감한 금액으로, 주주가 소유한 순자산을 의미합니다. ROE는 기업이 자본을 얼마나 효율적으로 사용하고 있는지를 보여주고, 주주에게 돌아오는 실제 수익률을 확인할 수 있습니다. ROE가 높다는 것은 자기자본에 비해 그만큼 순이익을 많이 내어 효율적인 경영 활동을 했다는 뜻입니다. 이 수치가 높은 종목일수록 주식 투자자의 투자 수익률을 높여준다고 볼 수 있습니다.

현금흐름 관리(Cash Flow Management)는 기업의 수입과 지출을 위한 적정한 자금 관리로 기업의 존폐를 좌우하는 중요한 요소입니다. 만약 현금 흐름 관리를 적절하게 하지 않으면 기업은 현금 부족으로 거래처 지급 불능, 직원 급여 지급 불능, 조세 납부 불능 등을 초래합니다. 또 자금 흐름 관리에 실패한다면 아무리 수익성이 좋은 기업이라도 부도의 위험에 노출될 수 있고, 채권자가 가혹한 경우 건실한 기업을 잃을 수도 있습니다. 기업의 영업활동, 재무관리, 투자 활동에 의한 현금 흐름이 있으며 적절한 유동성 관리를 해야 합니다.

자금 유입(Cash in)은 보통 매출(수익)의 형태로 발생하며, 수익성이 좋은 기업은 현금 유입도 그만큼 원활하여 자금 관리에 유리합니다.

자금 유출(Cash out)은 기업의 생산 활동, 영업활동을 하면서 발생하는 비용 지출과 투자 활동을 위하여 조달한 금융비용, 회사채 만기 시 발생하는 자금 수요 등이 있습니다.

위기관리(Risk Management)는 크게 시장위험, 신용위험과 운영위험으로 구분하고 그 내용을 다음과 같습니다.

시장위험(Market risks)은 주식 가격의 변동성과 관련한 자산위험, 이자율 변동에 의한 이자율 위험, 환율 변동에 의한 통화위험, 상품 가격에 의한 상품 위험, 시장 가격의 변동에 의한 변동성 위험, 판매되지 않은 정체된 자산에 대한 유동성 위험 등이 있습니다.

신용위험(Credit risks)은 채무자가 이자나 원금을 상환하지 못하는 채무 불이행 위험, 채무자 등이 신용 가치를 떨어뜨리는 위험인 신용 하락 위험, 특정 국가의 정치와 관련한 위험인 Country risk, 채무자 그룹 등이 큰 위험에 노출되어 발생하는 Concentration risk 등이 있습니다.

운영위험(Operation risks)은 조직 구성원의 행동과 관련한 인적 위험, 내부 프로세스에서 발생하는 Process risk, 기술정보 시스템 실패와 관련된 시스템 위험, 외부 위험과 법과 규칙 위험이 있습니다.

한눈에 볼 수 있는 기업의 성적표

모든 중요한 정보는 숫자 안에 있다.

−존 맥스웰

우리는 사장님들로부터 "사업은 열심히 했는데 남는 것이 없다"라는 말을 자주 듣습니다. 이 말은 학생들이 "공부는 열심히 했는데 성적은 좋지 않다"라는 말과 같습니다. 즉 자신이 예상하는 점수와 실제 결과가 다르고, 기업 경영에 있어 자신은 경영을 잘했다고 생각하나 공인된 자료에 의한 실제 결과는 그렇지 않다는 것을 의미합니다.

재무제표(財務諸表)는 기업의 경영 성적 및 재정 상태를 한눈에 파악할 수 있는 자료로, 이는 일정기간 동안 기업의 경영 성적, 재정 상태를 이해 관계인에게 보여주기 위하여 정기적으로 작성하는 회계 보고서이며, 손익계산서, 대차대조표, 현금 흐름표 등으로 구성됩니다.

재무제표를 공부하기 위하여 내가 처음 시도한 방법은 책을 구입해 혼자서 공부했으나 실패했습니다. 그다음 회계 학원에 등록하여 공부를 시작했으나 바쁘다 보니 수업에 빠지는 날이 많고, 학원 수업 특성상 적당히 공부하다 보니 완벽하게 배우지를 못했습니다. 대학원에서는 회계원리를 한 학기 동안 매주 3시간씩 공부했습니다. 담당 교수님이 매주 과제를 내고 제출하지 않으면 출석을 인정하지 않아 열심히 공부하지 않을 수 없었습니다. 힘들게 한 학기를 마치고 나니 까다로운 교수님 덕분에 재무제표의 모든 내용을 완전히 외울 수 있었습니다.

내가 처음 사업 할 때는 장부에 일일이 수기로 기록해 두었다가 매 월말에 회계사무소 담당에게 넘겨주는 방식이었습니다. 하지만 지금은 우리 회사 회계 담당과 회계 사무소 담당이 수입과 지출 내역을 회계프로그램에서 실시간으로 공유하고 있습니다. 매년 말이 되면, 결산 재무제표 초안을 작성하여 회계사무소 대표와 담당자 그리고 우리 회사 회계담당자와 내가 전체적인 재무제표 내용을 점검 확정한 후 세무서에 신고합니다.

기업의 재무제표는 기업 공개, 정부의 지원, 은행의 대출 승인 및 이자율, 국세청의 세무조사, 직원 채용, 거래선 확보 등에 아주 중요한 자료로 사용됩니다.

사장은 회사 내 많은 업무로 바쁘겠지만, 성공하는 기업으로 오르기 위해서 재무제표는 반드시 공부해 전체 내용을 숙지하는 것이 좋습니다.

손익계산서는 기업의 수익과 비용을 보여주며, 일정기간 동안의 순이익 또는 순손실을 표시합니다. 매출액, 판매비와 관리비, 이자 비용과 세금을 포함합니다.

매출액은 영업활동을 통해 얻은 총수익이고, 영업이익은 영업활동을 통해 순수하게 남은 이익을 말합니다.

영업이익 = 매출액 - 매출원가 - 판매관리비

순이익은 총이익 중에서 금융 손익과 영업 외 손익을 반영하고, 법인세 비용을 차감한 값입니다.

순이익 = 영업이익 + (금융수익-금융비용) + (영업외수익 - 영업외비용) - 법인세 비용

주당 순이익(EPS, Earning Per Share)은 순이익을 기업의 발행 총주식의 수로 나눈 것으로 1주당 창출한 이익이 얼마인지 나타내는 지표로, EPS가 높을수록 주식의 투자가치가 높다고

판단합니다.

주가 수익 비율(PER, Price Earning Ratio)은 주가가 그 회사 1주당 수익의 몇 배가 되는가를 나타내는 지표로 주가를 1주당 순이익(EPS)으로 나눈 값으로 주가가 실제 기업의 가치에 비해 고평가되었는지 또는 저평가되었는지를 판단하는데 사용됩니다.

대차대조표는 기업의 재무 상태를 표시합니다. 자산, 부채, 그리고 자본의 구성과 균형을 보여주며 어떤 자산을 보유하고 있으며, 이 자산을 확보하기 위해 어디에서 돈을 빌렸는지, 이 자산을 확보하기 위해 얼마나 많은 자본을 사용하였는지를 표시합니다. 어느 한 시점에 기업이 보유하고 있는 자산과 부채, 자본의 잔액에 대한 재무 상태를 나타내는 재무제표입니다.

현금흐름표는 일정기간 동안 기업이 영업활동에 필요한 자금을 어디에 썼는지를 명확히 보여주기 위하여 작성한 표입니다. 현금흐름은 기업의 현금수입과 현금지출의 차이를 의미합니다.

베트남 캔디여왕 장사장의

사장학 개론

PART 4

기업 경영은 마케팅과 협상이다

마케팅은 Needs와 Wants에서 시작한다

> 마케팅은 단기적인 판매를 위한 노력이 아니라
> 장기적인 투자 노력이다.
> ─필립 코틀러

어느 대기업을 방문했을 때 그 회사의 정문 아치에 이런 글귀가 걸려 있었습니다. '팔아야 산다' 이 말은 마케팅과 판매를 요약하여 간결하게 잘 표현하고 있습니다.

마케팅 공부를 하기 전에 나는 마케팅을 상품의 광고, 판매 촉진 등으로 이해했습니다. 하지만 최근 베트남 시장에는 경쟁사 수가 급격히 늘어나고 가격 경쟁이 치열하여 기존의 마케팅 기법으로는 살아남을 수가 없음을 인지하게 되었습니다. 마케팅 기법도 시장의 변화에 맞추어 변화하고 적응해야 합니다.

"마케팅은 고객, 클라이언트, 파트너, 사회 전반을 위하여 가치 있는 제품을 만들어 의사소통하고, 공급하는 과정, 활동 및 관련 조직이다."(AMA, 미국 마케팅학회)라고 합니다. 즉 마케팅은 소비자에게 상품이나 서비스를 효율적으로 제공하기 위한 체계적인 경영 활동을 의미합니다.

마케팅의 출발은 필요(Needs)와 욕구(Wants)에서 시작합니다. 필요(Needs)는 본원적 욕구라고 하며 본원적인 것의 부족함을 채우려는 욕구를 말합니다. 그 예로 배가 고플 때 무엇이라도 먹고 싶은 것을 예로 들 수 있습니다.

욕구(Wants)는 구체적 욕구라고 하며 필요를 해결하기 위한 구체적인 수단에 대한 욕구를 말합니다. 예를 들면 배가 고플 때 '나는 햄버거가 먹고 싶어!'라고 느끼는 정도입니다.

우리 회사는 베트남 시장의 변화에 맞추어 당면한 문제를 해결하기 위하여 베트남 전역을 커버하는 시장조사와 새로운 마케팅 기법의 적용을 시험했습니다. 기존의 하노이, 호치민 시장 위주에서 전국의 중·소 도시로 시장을 확대하고 현지에서 마케팅을 진행했습니다. 최근 이커머스 마켓의 폭발적 성장으로 새로운 물류 지원시스템의 필요가 생겼습니다. 원활하고 경쟁력 있는 물류를 위하여 호치민에 본사, 하노이에 지사 체계로 변경하여 베트남 전역을 최단 시간에 배송하는 시스템을 구축하고 있습니다.

나는 베트남으로 수출하려는 분과 현지 투자를 하겠다는

사장님들을 많이 만났습니다. 베트남으로 수출을 하든 현지에서 창업을 하든 쉽지 않습니다. 내가 생각하기로는 베트남에서 마케팅하고 판매하는 것이 한국보다 오히려 더 어렵습니다. 베트남에서 오랫동안 사업을 하여 성공하신 분들도 다수 있지만, 그분들도 많은 시행착오를 거치고 각자 최적의 마케팅 기법을 찾고 나름의 사업 기술을 터득하여 그 자리에 오른 것입니다.

베트남 현지에서 '1억을 투자하면 3개월, 3억을 투자하면 6개월, 5억을 투자하면 1년을 버티고 보따리 싼다'라는 우스갯소리가 있습니다. 그만큼 사업하기가 어렵다는 말입니다.

많은 사장님들이 자신의 제품을 베트남에 수출하기 위하여 무역협회, KOTRA, 지자체, 협회 등의 수출상담회에 참여하여 바이어를 찾기 위해 노력하고 있습니다. 하지만 능력 있고 훌륭한 바이어를 만나 사업을 지속하는 것은 참 어렵습니다. 베트남 시장에 진출할 때는 사전에 철저히 준비해 공부하고, 처음에는 소규모로 시작하여 점차 늘려나가는 것이 좋은 방법이라 생각합니다.

목표 달성을 위한 마케팅 전략

> 마케팅은 익숙한 것은 새롭게 표현하고
> 낯선 것은 익숙하게 표현해야 한다.
> ─데이비드 오길비

마케팅은 마케팅의 기본 개념과 시장을 이해함으로써 시작합니다. 기업의 구체적인 목표가 설정되면 시장에서의 전략적인 위치를 결정하게 되고 시장에서의 전략적 위치는 각 기능별 전략과 밀접하게 연계되어 있습니다.

마케팅 전략은 기업의 내적 외적 환경에 대한 분석으로 3C(고객, 자사, 경쟁자) 분석을 하고, STP 전략(시장 세분화 segmentation, 목표시장 선정 targeting, 제품 포지셔닝 positioning)을 수립합니다.

STP전략 수립은 4P 믹스(제품 Products, 가격 Price, 유통 Place, 촉진 Promotion)와 밀접한 연관이 있습니다.

마케팅 믹스는 기업이 기대하는 마케팅 목표를 달성하기 위해 적절한 수준으로 믹스하여 전략을 수립하는 활동을 말합니다. 각 기업은 다양한 요소를 혼합하여 개발한 마케팅 프로그램을 통해 시장에서 경쟁하고 제품을 판매합니다.

이 책에서는 4P(제품, 가격, 유통, 촉진)에 대하여 우리 회사에서 기획한 새로운 제품 개발과 국내와 베트남에서 마케팅하고 있는 사례를 소개하겠습니다.

제품(Products)은 고객의 니즈와 욕구를 충족시키기 위해 기업이 제공하는 물리적 상품이나 서비스를 말합니다. 제품 전략을 수립할 때는 품질, 디자인, 기능, 포장, 브랜드 등 다양한 요소를 고려하여, 고객이 원하는 가치를 제공하는 것이 핵심입니다.

제품 차별화는 경쟁 우위 확보에 매우 중요한 역할을 합니다. 독특한 기능, 혁신적인 기술, 뛰어난 디자인 등으로 차별화된 제품을 개발하면 고객의 관심을 끌 수 있습니다.

우리 회사가 신규로 기획 개발한 제품은 건강기능식품입니다. 한국의 한약재로 만든 환제품이 베트남 시장에서 성공적으로 정착하여 스테디셀러로 자리 잡고 있습니다. 이 환제품은 베트남 고객들이 마시는 한약을 먹기 어려워하는 점을 개선하여 휴대가 쉽고 먹기 편리하게 개발한 제품으로 베트남 고객들이 좋아합니다.

최근 베트남 국민의 소득이 증가하고 식생활이 서구화하여 육류소비가 많이 늘어나고 있습니다. 이로 인하여 혈압, 당뇨

와 같은 혈류 관련 환자가 많이 늘어나고 있습니다. 이러한 점에 착안하여 새로운 제품 개발을 기획하게 되었습니다.

기존의 경쟁제품은 한약재에 면역력 개선에 도움을 주는 기능성 원료를 첨가하여 개발했습니다. 우리 회사의 신제품은 기존 제품의 면역력 개선 기능에 당뇨 개선에 도움을 주는 기능성 원료를 추가하여 제품을 개발했습니다. 이를 통해 면역력 개선과 당뇨 개선의 이중 효과로 베트남 고객의 선택을 받고자 기획했습니다.

제품 디자인은 한국에서 먼저 시안을 만들어 베트남 바이어들과 계속 협의하여 베트남 고객이 좋아하는 디자인으로 결정했습니다. 브랜드는 우리 회사 브랜드인 '드림'으로 했습니다. '드림'은 베트남 시장에서 이미 자리 잡고 있어 큰 비용을 들여 유명 제약회사 브랜드를 사용하여 가격 상승을 할 필요가 없다고 판단하고 결정했습니다.

가격(Price)은 제품이나 서비스에 대해 고객이 지불하는 금액을 말합니다.

가격 책정은 수요와 공급, 원가, 경쟁사 가격, 목표 고객의 구매력 등 여러 요인을 종합적으로 고려하여 이루어집니다. 적절한 가격 전략을 통해 수익성을 높이고 시장에서의 경쟁력을 강화할 수 있습니다.

건강식품 신제품 개발에서 가장 고민하는 부분이 가격입니다. 유명 제약회사 브랜드를 사용할 건지, 개발회사 자체 브랜드(Private Label: PL)로 하는지에 따라 가격에 큰 차이가 있습니다. 제약회사 브랜드피는 회사에 다르지만 보통 15~25퍼센트 정도입니다. 우리 회사에서는 '드림' 자체 브랜드로 결정했습니다. 그 대신 본 제품이 한약 제품인 점을 고려하여 국내 유명 한의사 처방을 마케팅에 활용하기로 했습니다.

대부분 제품 제조 원가는 1회 발주 수량에 따라 달라집니다. 보통 건강식품의 최저 생산 단가는 1만 세트를 기준하고 있습니다. 본 제품에 대한 드림비나의 현지 시장조사에서 충분히 성공할 수 있다고 판단되어 첫 제품 출시에 1만 세트로 결정했습니다. 최종 판매 가격은 경쟁제품보다 저렴한 가격으로 결정하였습니다.

유통(Place)은 제품이나 서비스를 생산자로부터 최종 소비자에게 전달하는 과정과 경로를 말합니다.

유통 전략은 고객에게 효율적으로 제품을 제공하고 구매의 편의성을 높이는 데 주력합니다. 유통 채널의 선택, 유통경로 관리, 물류 및 재고관리 등이 주요 고려 사항입니다.

유통 채널로는 직접 판매, 도매상, 소매상, 온라인 판매 등 다양한 방식이 활용됩니다. 기업은 자사 제품의 특성과 목표 고객의 구매 행동에 적합한 채널을 선택해야 합니다.

베트남 시장에 수출하는 제품은 국내 시장과 베트남 시장 판매 수량을 합하여 판매 목표 수량으로 할 건지, 베트남 시장 전용으로 할 것인지에 따라 베트남 현지 유통계획도 달라집니다.

대부분의 수출업체는 국내 판매와 수출 수량을 적절히 조정하여 예상한 후 생산량을 결정합니다. 그래야만 국내나 수출 중 어느 한 시장이 부진할 때 리스크를 줄이고 대책을 세우기가 쉽습니다. 우리 회사가 개발하는 신제품은 국내에서는 파일럿 판매를 하고 대량 판매는 베트남 시장으로 수출하는 것으로 계획했습니다.

베트남 수출 시 한 회사 또는 몇몇 회사에 독점적으로 판매를 할 것인지, 아니면 구매를 원하는 모든 회사에 판매할 것인지 결정해야 합니다.

베트남 시장에 신규로 진출하려면 먼저 베트남의 유통시스템을 알아둘 필요가 있습니다. 우리 회사는 베트남 현지법인 드림비나와 우리 회사와 오랫동안 거래를 해온 하노이와 호치민에 몇 명의 큰 바이어가 있습니다.

드림비나는 백화점과 마트에 직접 입점하여 공급 판매하고 있습니다. 전국의 재래시장에 공급하는 빅 바이어 (big buyer)로부터는 사전에 컨테이너 단위로 주문을 받아 수입 통관하고 주문한 업체에 바로 공급합니다. 그 바이어는 전국의 도매업체에 공급하고, 도매업체는 전국 각 지역의 소매업체에 공급합니다. 그 소매업체는 시장 상인들의 주문량에 따라 차량 또는 오토바이로 배송합니다.

컨테이너 단위가 아닌 경우는 드림비나와 총판 계약을 맺은 업체의 주문이 있을 시, 하노이와 호치민 창고에서 주문량에 따라 차량으로 배송합니다.

우리 회사가 출시하는 신제품은 회사가 정한 수량 이상 수입하고자 하는 모든 바이어에게 판매하고, 국내 거주 베트남 고객을 상대로 판매하는 유통 회사에도 공급할 계획입니다. 우리 회사에서도 국내의 이커머스 시장에 판매하여 베트남 현지 고객들이 인터넷과 모바일로 검색할 수 있도록 할 계획입니다.

판매촉진(Promotion)은 제품과 브랜드를 알리고 구매를 촉진하는 마케팅 활동입니다.

목표 고객에게 효과적으로 메시지를 전달할 수 있는 프로모션 채널과 콘텐츠를 기획해야 합니다. TV, 인쇄, 온라인 광고, SNS마케팅, 판촉 이벤트 등 다양한 수단을 활용할 수 있습니다. 제품 특성과 목표 고객의 미디어 활용 형태에 맞추어 프로모션 믹스를 최적화하는 것이 효과를 높이는 지름길입니다.

베트남 현지 신제품 런칭 행사는 규모가 큰 건강식품 수입 업자, 유통업체와 유명 인플런스를 호텔에 초빙하여 1박2일로 진행할 계획입니다. 본 제품에 대한 출시 기념행사를 하고, 이어서 본 제품을 처방한 유명 한의사가 현지 특별 진료를 할 계획입니다.

이커머스 고객을 위한 컨텐츠를 제작하여 국내와 베트남 바이어와 고객에게 광고 진행을 준비하고 있습니다.

베트남 시장에는 세계 최고급 제품부터 초저가 제품까지 모든 제품이 경쟁하며 유통되고 있습니다. 베트남은 개발도상국으로 고객들은 가격을 구매의 최우선 조건으로 보고 있습니다. 한국 내에서 브랜드 인지도가 없는 제품은 베트남 진출이 싶지 않습니다. 베트남 진출하려면 어떻게든 국내 시장에 먼저 자리를 잡는 것이 베트남 마케팅의 시작이라고 할 수 있습니다.

마케팅 전략은 고객의 심리다

고객의 기대와 요구를 만족시킬 때
비로소 효과를 발휘한다.
-제프 베조스

고객의 심리를 어떻게 파악할 수 있을까? 마케팅 전략에서 3C는 고객, 경쟁사, 자사(Customer, Competitor, Company)입니다. 3C 분석은 기업을 둘러싸고 있는 사업 환경을 분석하는 도구입니다. 이는 고객과 경쟁사 및 자사의 관계를 정의하고 서로 강하고 약한 영향력을 파악하는 데 매우 효과적입니다.

고객(Customer) 분석은 3C 전략에서 비즈니스 성공을 촉진하고 의미 있는 고객 관계를 형성하기 위한 기본 과업입니다. 이는 고객의 니즈(Needs), 행동, 인구 통계학적 특성 등을 파악하는 과정으로, 이를 통해 기업은 고객 중심의 마케팅 전략을 수립하고 고객의 만족도를 높일 수 있습니다.

우리 회사는 베트남 시장에서 한국 제품을 구매하는 고객을 분석하기 위하여 몇 년 전부터 자료를 조사하여 데이터베

이스를 구축해 왔습니다. 코로나 이전 한국 제품의 주구매 고객은 하노이, 호치민, 하이퐁, 다낭 등에 거주하는 상대적으로 소득이 높은 고객이었습니다. 하지만 최근에는 베트남 정부의 국토균형개발(國土均衡開發) 정책으로 낙후 지역이었던 북부, 남부, 서부 등의 지역에 외국 기업의 투자가 늘어나 개발되고 주민 소득이 늘어나고 있습니다. 또 이커머스 마켓 활성화로 전국이 한국 제품 판매 시장으로 확대되었습니다.

베트남 현지법인 드림비나의 마케팅을 위하여 나는 2년 전 1개월 동안 규모가 있는 전국 도시 투어를 했습니다. 마케팅 투어와 시장조사를 통하여 한국 제품 구매 고객은 크게 확장될 수 있다고 판단했습니다.

경쟁사(Competitor) 분석은 비즈니스 전략을 수립하고 경쟁 우위를 확보하는 데 핵심적인 역할을 합니다.

이 분석에는 경쟁사의 강점, 약점, 시장 포지셔닝 등에 대한 포괄적 평가를 포함합니다. 평가 요소는 현재의 경쟁사와 잠재적 경쟁사입니다. 이때 평가 기준은 현재의 경쟁사들이 공격적이고 강력한가? 새로운 경쟁자의 진입 가능성이 높은가? 등이 있습니다. 경쟁자를 구분하면 직접 경쟁자, 간접 경쟁자, 대체재로 구분할 수 있습니다.

우리 회사가 출시하는 신제품의 경쟁사는 베트남에 진출한 한국 회사와 미국, 일본, 대만, 태국, 호주 등의 회사와 베트남 자국 기업이 있습니다. 국내 경쟁사의 제품은 10여 년 전 베트남 진출하여 고객들에게 익숙한 제품입니다. 그 외 최근 베트남 시장에 진출하여 저가에 제품을 공급하는 한국의 몇 개 회사가 있습니다. 호주, 미국과 일본 회사는 영양제 제품 시장에서 강점이 있어 높은 마켓 셰어를 가지고 있습니다.

대만의 많은 식품기업이 베트남에 투자하여 여러 품목에서 우리나라 제품과 경쟁하고 있습니다. 몇 년 전 대만의 유명 식품기업이 우리나라 웅진식품을 인수하여 베트남에서 인기 있는 아침햇살과 대만의 자사 식품과 합동으로 마케팅을 진행하고 있습니다.

태국에는 글로벌 식품기업의 생산공장이 많이 있고, 베트남 시장 공급에 유리한 지리적 이점을 살려 다수의 제품이 중 저가 시장에서 한국 제품과 경쟁하고 있습니다.

베트남 시장은 세계 모든 나라의 제품이 경쟁하고 있습니다. 글로벌 경쟁 시장인 베트남에서 살아남으려면 계속 연구하여 시장과 고객이 요구하는 제품을 개발하고, 현지에 적합한 새로운 마케팅을 해 나가야 합니다.

자사(Company) 분석은 조직의 내부 환경을 철저히 분석하여 회사의 성장과 경쟁력을 촉진하는 효과적인 마케팅 계획을 수립하는 과업입니다.

자사의 SWOT(강점, 약점, 기회, 위협) 분석을 통하여 조직의 역량과 개선이 필요한 영역을 파악하고 해결 방안을 찾아 마케팅 전략 수립에 활용합니다.

우리 회사가 베트남에 식품 및 뷰티 시장에 진출한 지는 대략 15년 정도입니다. 처음 진출 시 베트남 식품 시장은 크지 않았고, 한국산 식품의 베트남 마켓 진입은 막 시작하는 단계였습니다. 처음에는 홍삼제품으로 시작했습니다. 그러다 드라마, 영화, K-Pop, K-뷰티, K-식품으로 확대되면서 시장이 점차 커지고 있습니다.

우리 회사는 중소기업에서 쉽게 운영할 수 없는 베트남 현지 법인이 있어 현지 수입 업체와 유통업체에 휘둘리지 않고 전국의 유통망을 통하여 안정적으로 수입하고 판매할 수 있습니다. 이 장점을 살려 현지 업체가 쉽게 할 수 없는 다수의 백화점과 대형마트에 입점해 있습니다. 그 외 로컬 시장은 베트남 현지 유통업체를 통하여 공급하는 시스템으로 운영하고 있습니다.

베트남에서 외국인이 기업을 경영하는 것은 늘 긴장하고 조심해야 합니다. 베트남에도 관세청, 국세청 등 대부분 자료는 전산화되어 있습니다. 매출이 높지 않을 때는 큰 문제가 없지만, 기업 규모가 커지고 매출이 늘어나면 점차 어려움도 많아집니다. 베트남 사회 발전에 참여하고 기여 활동에도 관심을 가져야 고객으로부터 지속적 사랑을 받을 수 있습니다.

바다보다 넓은 시장에서 마케팅

강에서 물고기를 보고 탐내는 것보다 돌아가서
그물을 짜는 것이 옳다.
—예악지

바다에는 수많은 물고기가 살고 있고, 물고기를 잡으려면 바다로 가야 합니다. 우리가 목표로 하는 시장 또한 바다와 같이 넓습니다. 그래서 기업은 구체적인 목표가 설정되면 시장에서의 전략적인 위치를 결정하게 됩니다. 시장에서의 전략적 위치는 각 기능별 전략과 밀접하게 연계되어 있습니다. 특히 마케팅 시장세분화는 마케팅 전략의 가장 중요한 부분으로 시장세분화, 표적시장 선정, 포지셔닝으로 구분합니다.

시장세분화(Market Segmentation)는 구별되는 특징, 행동, 니즈에 따라 고객 집단 및 잠재적인 소비자 집단을 기준으로 시장을 나누는 것을 말합니다. 시장세분화의 목적은 소비자들을 명확한 기준에 의해 집단 간에는 다르지만, 집단 내부적으로 동질적으로 묶는 것입니다.

고객이 서로 다른 성격을 가지고 있다면 규모의 경제를 위하여 비슷한 특성을 가진 고객 집단으로 군집하는 것이 효과적입니다. 시장을 세분화하는 근본적인 이유는 고객의 니즈를 잘 파악하고 시장의 매력도를 충실하게 분석하기 위한 것입니다.

우리 회사 현지법인 드림비나는 베트남으로 수입하는 한국산 식품의 수입 회사와 수량을 대략 파악하고 있습니다. 또 전국 백화점, 마트에 판매되는 제품을 지속적으로 조사하여 전반적 상황을 파악하고 있습니다. 베트남 백화점과 대형마트의 제품 진열 방식도 한국과 거의 비슷하여 보통 주 단위로 판매량에 따라 진열장 위치가 변경됩니다.

신제품 기획 단계부터 시장조사 데이터를 분석하여 판매 가능성, 생산 수량, 주 판매유통망을 결정합니다. 즉 백화점·마트, 재래시장 등으로 구분하고 표적시장을 선정합니다.

우리 회사는 신제품을 출시하고 시장 진입 테스트는 베트남 현지에서 하는 것과 한국 거주 베트남인을 상대로 파일럿 마켓 판매가 있습니다. 이를 통하여 고객 반응을 미리 파악하고, 대량 수출 시의 예상되는 문제점에 대한 대책을 수립합니다.

표적시장(Targeting) 선정은 여러 세분 시장을 평가하여 활동할 표적시장의 수와 위치를 구체적으로 선정하는 과업입니다. 표적시장 선택의 핵심은 세분 시장의 차이를 이해하는 것으로, 확인된 각각의 세분 시장에서 성공할 수 있을지를 평가하기 위해 기업과 경쟁자의 데이터를 수집 비교하는 작업이 필요합니다.

우리 회사 신제품의 표적시장은 이미 확보한 베트남 시장 경쟁제품의 데이터베이스를 분석하여 선정합니다. 백화점, 마트, 재래시장의 제품 판매점 및 판매량에 대한 자료를 분석하여 표적시장을 선정합니다.

백화점과 대형마트 입점은 판매량도 중요하지만, 고객에게 새로운 제품을 선보이는 광고 효과도 있습니다. 신제품이 출시되면 한국에서와 마찬가지로 해당 점포장과 협의하여 대대적인 세일 행사를 진행합니다.

백화점과 대형마트의 세일 행사가 끝나고 1개월 정도 지나면 전통시장에서도 새로운 제품을 찾는 고객이 점차 늘어납니다.

위치 선정(Positioning)은 소비자들의 인식 속에 자사의 제품이 경쟁제품과 구별되는 분명한 위치를 차지하는 것을 말합니다. 그 시장의 고객들에게 자사 제품이 가장 적합하다는 인식을 심어 주는 것입니다.

우리 회사가 출시하는 신제품의 위치 선정은 기존 경쟁제품을 판매하고 있는 매장 및 도시별 판매 자료 분석에 의하여 결정합니다. 매장의 규모가 크고 전체 매출이 높은 매장이 한국산 건강식품의 판매량과 비례하지는 않습니다. 한국 관광객이 많이 몰리는 매장은 베트남 제품 판매량은 많지만, 한국산 제품 판매는 높지 않습니다.

우리 회사의 신제품은 제품, 가격, 유통 등에서 기존 제품에 비하여 유리한 위치에 있다고 판단합니다. 베트남 현지 신제품 런칭 행사를 잘 준비하고 마무리하면 베트남 시장에 성공적으로 안착할 수 있으리라 믿습니다.

나는 캔디여왕이다

당신이 넘어지느냐, 아니냐가 중요한 게 아니라,
당신이 일어서느냐가 중요하다.
−빈스 롬바르디

나는 미국, 일본, 중국, 러시아, EU, 중남미, 중동, 아프리카 시장에 지속적인 관심을 두면서 공부하고 있습니다. 수시로 현지를 방문하여 글로벌 시장의 흐름을 대략 알고 있습니다. 내가 보는 글로벌 마켓의 대강은 중국 제품의 저가 시장, 미국, 일본과 EU의 고가 시장과 한국 제품의 중·고가 시장이 형성되어 있습니다.

한국 제품의 고품질과 가격 경쟁력으로 마케팅만 잘하면 글로벌 시장에서 충분한 경쟁력이 있다고 생각합니다. 이게 현실적인 한국 제품의 포지셔닝입니다. 제가 주력으로 수출하고 있는 베트남의 식품과 뷰티마켓은 글로벌 전시장이고 경연장입니다. 세계 어느 제품도 절대 강자가 없기에 마케팅만 잘하면 성공할 수 있는 매력 있는 시장입니다.

내가 처음 베트남 시장에 자동차부품 수출을 시작할 때 (2000년)는 한국의 수삼(인삼) 인기가 최고였습니다. 바이어에게 선물하기 위해 수삼을 대략 1트럭 정도 가지고 갔습니다. 초창기 베트남 비즈니스는 제품 수출보다 바이어와 신뢰를 쌓는 것이 우선이었습니다.

2000년대 초 베트남에는 드라마 〈대장금〉의 인기가 대단했습니다. 바이어의 부모님부터 손자까지 이영애 열풍이 불었습니다. 어렵게 이영애 배우의 사진을 구해 여러 가지 작품을 만들어 바이어들에게 선물했습니다. 제법 많은 수량을 가지고 갔지만 많은 바이어들이 서로 요구해 부족했습니다.

내가 자동차와 자동차부품 수출에서 식품과 화장품 수출로 품목을 변경할 때는 한국산 제품이 베트남 시장에 막 알려지기 시작할 때였습니다. 새로운 분야에 도전하겠다고 결정은 했으나 한 번도 경험한 적이 없는 분야인지라 어디부터 시작해야 할지 엄두가 나지 않았습니다.

먼저 오토바이 타고 호치민과 하노이의 시장을 그냥 며칠 다녀봤습니다. 현장 조사 후 유동 인구가 많은 호치민 시장이 나을 것 같다고 판단했습니다. 호치민으로 홍삼캔디와 화장품을 가지고 가서 시장과 공원, 대학교 입구 등 사람이 많이 모이는 곳에서 간이 좌판을 펴고는 시식하고 판매했습니다.

우리 회사 베트남 직원이 저를 앞세워 제품 판매하고 나는 눈 맞추고 웃으면서 시제품을 나누어 주었습니다. 베트남 사람들이 내 얼굴 만져보고 홍삼캔디 먹고 이 화장품 바르면 그렇게 피부 좋아지냐 하면서 앞다투어 제품을 구매하여 준비해 간 제품을 다 판매할 수 있었습니다.

마침 그때가 베트남의 제일 큰 명절인 구정을 한 달 앞두고 있었습니다. 운 좋게 한 바이어로부터 홍삼캔디 한 컨테이너를 주문받았습니다. 하지만 국내 공장에서는 캔디 주문이 밀려 구정 전 선적이 어렵다고 했고, 포워더(forwarder)는 구정 전이라 컨테이너 선적이 어렵다고 했습니다. 어렵게 얻은 기회를 놓치면 안 된다고 생각해 캔디 공장과 포워더에 간곡하게 사정하여(…영업비밀) 우리 회사가 다른 업체보다 먼저 선적할 수 있었습니다.

그 당시만 해도 베트남의 한국 식품 시장이 크지 않아 경쟁자가 열흘 정도 한 컨테이너 먼저 들여와 도매상에 풀어 버리면 나중에 수입한 업체는 제품을 팔려면 시간이 좀 걸리기에 그만큼 빠른 선적이 경쟁력이었습니다. 또 구정과 같이 특수인 경우는 그 경쟁이 더 심했습니다. 나는 이 오더를 경쟁자들보다 먼저 선적해 바이어로부터 신뢰를 얻어 그 후 추가 오더를 받았습니다.

보통 베트남 시장에서 식품의 경우, 단일 품목으로 연 일천만 불을 판매하면 시장에 안정적으로 자리 잡았다고 합니다. 나는 홍삼캔디로 그 기록을 달성하였는데 그때부터 사람들은 나를 "베트남 캔디의 여왕"이라고 부르게 되었습니다.

세계 어떤 나라의 유명 제품도 하루아침에 베트남 시장에서 판매 1위 제품으로 자리 잡기는 쉽지 않습니다. 내 경험에 의하면 훌륭한 제품 기획과 좋은 제품을 생산하여 마케팅을 잘하고, 운이 따라준다면 3년 이내에 베트남 시장 판매 1위로 오를 수 있습니다. 그 후 스테디셀러로 자리 잡아 지킬 수 있을지는 별도의 문제입니다. 우리 회사는 베트남 시장에서 단일 품목으로 일천만 불을 넘긴 몇 개의 제품이 있습니다.

베트남 시장에서 판매 1위 제품으로 오르기도 어렵지만, 그 자리를 지키면서 매출을 더 올리는 것은 쉽지 않습니다. 시장 변화와 고객의 욕구를 지속적으로 조사하고 관찰하여 그에 맞는 마케팅 전략을 수립해야 합니다. 최근 베트남 시장에서 10년 이상 1위 판매량을 가진 한국산 음료 제품이 원가 상승을 내세워 가격을 인상하자 고객이 외면하여 매출이 절반 이하로 떨어지고 시장 점유율도 하락한 경우가 있습니다.

협상은 사업 성패를 좌우한다

두려움 때문에 협상하지 맙시다.
그렇다고 협상하는 것을 두려워하지도 맙시다.
— 존 F.케네디

협상은 이해관계가 상충하는 둘 이상의 당사자가 만족스러운 합의에 도달하기 위해 협력하고 설득하는 과정, 즉 양측이 자신들의 필요 사항을 만족하기 위한 활동을 말합니다. 협상 능력은 행동에 영향을 미치는 정보, 시간, 힘을 분석하여 자신이 원하는 방식으로 이루어지도록 만드는 것입니다.

보통 협상이라고 하면 6자회담이나 FTA회담처럼 정치나 경제적으로 거창한 행위라고 생각하지만 꼭 그렇지는 않습니다. 부모와 자식 간 용돈 금액을 정하는 것, 친구와 여행 일정을 조율하는 것, 직장에서 연봉 협상, 물건구매 시 가격 흥정 등 우리 일상에서 늘 협상이 행해지고 있습니다. 협상의 중요성을 강조하는 협상 이론가들은 '인간사 협상 아닌 것이 없다'라고 하기도 하고, '세상에 불가능한 협상은 없다'라고도 합니다.

나는 37년 동안 사업을 해오면서 현재 나에게 주어진 경제적 자산을 고맙게 생각하고 있습니다. 하지만 내가 가진 물질적인 자산보다 협상을 통한 비즈니스 능력이 훨씬 가치가 크다고 생각합니다. 사업가에게 협상과 비즈니스 능력이 중요한 이유는 온전히 자신의 것이기에 잃을 수도 다른 누가 빼앗아 갈 수도 없는 귀중한 자산이기 때문입니다.

사업을 한다는 것, 그 자체가 협상이라고 해도 과언이 아닙니다. 상사, 동료, 부하 직원과 협상하고, 공급받고 납품하는 거래처, 은행, 국세청 등 국가기관, 고객과 협상하는 등 모든 비즈니스가 협상입니다.

그러므로 협상하는 법을 배워야 합니다. 협상하는 방법을 배우면 직장이든 사회에서든 효과적으로 삶의 질을 높일 수 있습니다. 인생이 게임이라면 협상은 살아가는 방식입니다. 사업의 성공과 행복한 인생을 위하여 협상이라는 게임 전체를 이해하는 것은 매우 중요합니다.

협상은 힘과 시간, 정보에서 결정된다

> 협상은 힘과 시간, 정보에서 결정된다.
> 이 세 가지 요소를 잘 활용하는 자가 승리한다.
> – 체스터 카라스

힘, 시간, 정보를 협상의 3요소라 하는데, 인지된 힘, 시간 압박, 정보가 성공과 좌절의 차이를 만들어 냅니다. 정치, 포커, 협상에서는 좋은 패를 쥐고 있는 것도 중요하지만 전체 상황을 분석하여 카드를 능숙하게 플레이하는 것도 승패에 있어 매우 중요합니다. 가장 유리한 위치를 점한 참가자라도 모두에게 영향을 미치는 냉철한 현실을 고려하지 않고는 먼저 나서지 않습니다. 결과에 영향을 주려면 긴밀하게 연결된 힘, 시간, 정보를 고려하여 상대와 자신의 입장을 현실적으로 분석하고 협상에 임해야 합니다.

■ 협상에서 힘이란

힘은 사람이나 사건, 상황, 자기 자신에게 통제력을 행사하기 위한 어떤 일을 완수할 수 있는 역량이나 능력을 말합니다.

힘은 우리의 현실을 변화시켜 목표를 달성하게 해줍니다. 우리 자신을 보호하고, 자신이 삶의 주체가 되기 위해서는 힘이 필요합니다. '자신에게 충분한 힘이 있다.'라고 믿으면, 이 힘을 사용하여 자신의 중요한 목표를 성취할 수 있습니다. 자신이 힘이 없다고 믿으면 절망하고 비참해집니다. '힘이 없는' 사람들은 패기를 잃고 패배를 인정해 버립니다.

허브 코헨은 그의 저서 『협상의 기술』에서 다음과 같이 여러 가지 힘으로 구분하고 있습니다.

경쟁의 힘은 자신이 소유하고 있는 것에 대해 경쟁하게 만들 때마다 그 가치는 더 올라갑니다. 당신의 상품이나 서비스를 원하는 사람이 많을수록 그 가치는 더 높이까지 올라갑니다.

정통성의 힘은 당신이 활용할 수 있는 힘의 원천입니다. 사람들은 인쇄된 것을 존중하는 경향이 있습니다. 인쇄된 글, 문서, 표지판은 권한을 가지게 되며, 대부분 사람은 이에 의문을 제기하지 않는 경향이 있습니다.

위험 감수의 힘은 협상하는 동안 기꺼이 위험을 감수하는 데서 나오는 힘입니다. 위험을 감수하려면 용기와 지식이 필요합니다. 계산된 모험을 하지 않으면 상대방이 당신을 조종하려 할 것이므로 먼저 행동을 취해야 합니다.

참여의 힘은 많은 사람을 참여시키면 전체 그룹으로 위험을 분산시킬 수 있습니다. 위험을 분산함으로써 당신은 위험이 적정 수준으로 낮아졌기 때문에 기회를 유리하게 활용할 수 있습니다.

전문지식의 힘은 상대방이 자신보다 당신이 기술, 전문지식, 경험을 더 많이 가지고 있다고 인식하거나 믿는 데서 생기는 힘을 말합니다. 될 수 있는 대로 직접 말하는 것보다 상대가 당신이 그 지식을 갖추고 있다고 추측하게 하는 게 좋습니다.

상대에게 무엇이 필요한지 아는 힘은 협상에서 무엇이 필요한지 합리적으로 추측하여, 협상에서 무슨 일이 벌어질지 그 결과를 예측하는 힘입니다. 협상 상대와 대면할 때 조사하고 질문하는 것보다 잘 경청하면 가치 있는 정보를 얻을 수 있고 협상에서 우위를 점할 수 있습니다.

투자의 힘은 상대방에게 주어진 상황에서 시간과 돈 혹은 에너지를 쏟아붓게 만드는 일이 협상에서 최후통첩 전략이 통하게 하는 힘입니다. 감정적인 이슈나 숫자로 이야기되는 가격, 비용, 이자율, 급여 같은 구체적인 항목의 경우, 상대가 에너지와 상당한 시간을 투자하게 만든 다음 맨 마지막에 협상하는 것이 유리합니다.

보상 혹은 처벌의 힘은 내가 상대에게 물리적, 재정적, 심리적으로 도와주거나 해를 가할 수 있다고 상대가 인식하고 있을 때 생기는 힘을 말합니다. 이때 '실제로, 실질적으로' 어떤 상황인지는 중요하지 않습니다. 내가 상대에게 영향을 미칠 수 있다고 생각한다면, 나는 상대를 다룰 수 있는 힘을 발휘할 수 있습니다.

집요함의 힘은 협상할 때 상대에게 뭔가를 제시하고 나서 상대가 당장 동의하지 않으면 다른 것으로 넘어가는데 이때 집요하게 버티는 힘이 필요합니다. 이를 집요함의 힘이라 합니다.

설득의 힘은 당신이 다음 세 가지 요인에 의해 나를 설득해서 뭔가를 믿게 하거나 사게 하는 힘을 말합니다.

첫째, 내가 당신이 하는 말을 이해해야 합니다. 당신은 논리를 이용해 나의 경험, 특별히 각인된 생각 따위를 유추하여 나를 이해시켜야 합니다. 둘째, 당신이 내세운 증거가 너무나 압도적이어서 내가 반박할 수 없어야 합니다. 셋째, 당신의 말이 나의 필요와 요구 사항을 충족한다고 내가 믿어야 합니다.

태도의 힘은 다른 사람을 위해 협상에 나설 때는 객관적 상태가 되어 마음이 편안하나, 자기 자신을 위해 협상을 할 때는 신경을 많이 쓰고 압박감을 느껴 스트레스를 받게 되는데 그 차이가 태도의 힘입니다.

■ 협상은 시간과의 싸움

협상에서 무엇을 하든 시간은 흘러가게 마련이고 모든 사람에게 같은 속도로 움직입니다. 사람들은 협상에 시작과 끝이 분명히 있다고 생각합니다. 협상 상소에 들어가는 시간이 협상의 시작점이고, 마치는 시간을 종료점이라 합니다. 우리는 이 종료점을 협상 마감 시한이라고 부릅니다.

어떤 협상이든 가장 큰 양보와 합의는 마감이 임박했을 때 기대할 수 있습니다. 나는 마감 시한을 알고 있고, 상대는 마감 시한을 모른다면 누가 유리할까요? 나는 시간에 대해 유연한 사람이고, 상대는 시간을 문자 그대로 받아들이는 사람이면 누가 유리할까요? 당연히 내가 유리할 것입니다. 상대는 마감 시한이 가까이 다가갈수록 스트레스 지수가 올라가 결국 양보를 할 것이기 때문입니다. 나의 마감 시한도 상대와 별 차이가 없지만, 상대가 초조해하는 모습을 보면 나는 상대에게 무언가 양보하는 것을 뒤로 미룰 수 있습니다.

마감 시한은 사람들이 생각하는 것보다 훨씬 유연합니다. 마감 시한도 협상의 결과물이기에 협상이 가능합니다. '마감 시간을 넘기면 어떻게 될까? 손해를 보거나 처벌을 받을 게 확실한가? 처벌은 어느 정도일까? 감수해야 할 위험은 얼마나 클까?' 이러한 점을 자신이 검토하고 확인해야 합니다.

협상에서 마감 시한과 관련하여 명심해야 할 사항을 요약하면 다음과 같습니다.

첫째, 모든 양보와 합의는 마감 시한에 이르러 혹은 마감 시한을 지나서 일어나므로 인내심을 가져야 합니다. 둘째, 적대적인 협상에서 최선의 전략은 상대에게 당신의 진짜 마감 시한을 드러내지 않는 것입니다. 마감 시한도 협상의 산물임을 알아야 합니다. 셋째, 상대가 겉으로는 침착하고 평온해 보일지 몰라도 그들에게도 마감 시한이 있습니다. 대부분 고요함 뒤에 엄청난 스트레스와 압박감을 감추고 있습니다. 넷째, 확실히 유리한 상황이 아니면 서두르지 마세요. 천천히 참을성 있게 행동해야 최고의 결과를 얻을 수 있습니다.

■ 협상에서 정보란

정보는 성공이라는 금고의 문을 열 수 있는 핵심 키입니다. 이것은 우리가 내리는 결정과 현실 평가에 큰 영향을 끼치게 됩니다. 우리가 적합한 정보를 얻는 데 실패하는 이유는 위기나 중요한 사건이 발생하기 전까지는 우리에게 정보가 필요할 거라는 사실을 잘 알지 못하기 때문입니다.

정보수집은 일찍 시작할수록 얻기가 쉽고 더 많은 정보를 얻을 수 있습니다. 실제 협상이 벌어지는 동안에는 양 협상 당사자들은 진짜 관심, 필요, 우선순위가 뭔지에 대해 감추게 됩니다. 정보가 곧 힘이기 때문입니다.

협상에 앞서 정보수집 기간에는 조용히 사세하게 소사하고, 잘난 척하지 말고 차분하게 접근하는 게 좋습니다. 대답하는 것보다 질문을 더 많이 하고, 답을 알고 있더라도 질문을 하는 게 좋습니다. 이로써 상대방을 신뢰할 수 있는지 시험해 볼 수 있습니다.

누구에게서 정보를 얻고 수집할 수 있을까요? 함께 일하는 사람, 협상에서 만날 사람, 과거 거래를 한 적이 있는 사람, 여기에는 비서나 직원, 엔지니어, 관리자, 배우자, 기술자, 과거 고객 등이 포함됩니다. 진솔하고 겸손하게 다가가면 원하는 답을 들을 수 있습니다.

협상이 시작되면 여러분은 훈련을 통해 효과적으로 듣는 기술을 연습해야 합니다. 집중하여 주의 깊게 관찰하면 상대의 감정, 동기, 실제 필요 사항을 많이 파악할 수 있습니다. 물론 주의 깊게 듣기와 관찰하기가 그냥 말을 듣기만 하는 것은 아니며, 드러나지 않는 생략된 내용을 알아낼 수 있어야 합니다.

협상가라면 모든 커뮤니케이션에서 비언어적 요소에 민감해야 합니다. 협상 중에는 한 걸음 뒤로 물러나 '제3의 귀'로 듣고, '제3의 눈'으로 관찰하면 비언어적 상황에 숨겨진 단어와 패턴을 듣고 볼 수 있습니다. 양보 행동의 증가분을 관찰하면 상대가 가진 권한의 실제 한계가 어디까지인지를 보여주는 중요한 메시지를 읽을 수 있습니다.

신뢰는 지속 가능한 협상의 원천이다

신뢰가 바탕이 될 때 협력과 성과가 가능해진다.
— 토머스 프리드먼

협상은 상생으로부터 시작하는데 에피소드 하나를 소개하겠습니다.

한 남매가 파이 조각을 두고 서로 큰 조각을 먹겠다고 실랑이를 벌입니다. 두 사람 모두 더 큰 파이를 먹고 싶고, 속임수는 용납되지 않습니다. 사내아이가 나이프를 쥐고 자기가 더 큰 쪽을 차지할 자세를 갖추었을 때 엄마가 나타났습니다.

엄마가 말합니다. "기다려, 난 누가 파이를 자르든 상관하지 않아. 하지만 한 사람이 자르면, 다른 사람이 파이를 먼저 선택할 권리를 갖는 거야." 당연히 사내아이는 자신을 위해 파이를 똑같은 크기로 자를 것입니다.

협력적인 원원 협상에서는 우리는 양측 모두 이익이 되는 결과를 이끌어 내려고 노력합니다. 갈등은 인간 삶의 당연한 일부로 생각하고, 갈등을 해결해야 할 문제로 여기면 양측의 입장을 모두 수용하는 창의적인 해결책을 찾을 수 있습니다.

협상은 공개적으로 이야기하는 내용이나 가격, 서비스, 상품, 영역, 양보, 이율, 돈 등 협상의 내용만 가지고 하는 것은 아닙니다. 협상에서 양측은 자신들의 필요 사항을 만족하기 위한 활동이나, 실제 필요 사항을 감추거나 겉으로 잘 드러내지 않습니다.

협상은 단순히 물질적 대상만 교환하는 것이 아니고, 이해와 믿음, 수용, 존중, 신뢰를 발전시켜 나갈 수 있는 행동과 태도도 포함합니다. 당신의 접근 방식, 목소리 톤, 태도, 이야기 전달 방식, 상대의 감정과 필요에 대해 당신의 대응 방식 등을 포함하는 것입니다. 이 모든 것이 한데 어우러져 성공적인 협상으로 나아갈 수 있습니다.

상호 신뢰 관계를 구축하는 것은 윈윈 협상의 원동력입니다. 신뢰 구축 활동은 사전 협상 단계와 공식 협상 단계로 구분할 수 있습니다.

사전 협상 단계는 공식 협상에 앞서 협상 준비를 하는 것을 말합니다. 협상의 결과는 행위가 일어나기 전에 태도가 결정되고 신뢰가 형성되는 협상 전 준비 단계에서 그 씨를 뿌리고 키워왔을 가능성이 높습니다. 서로 상대를 신뢰해야 성공적인 협상으로 나아갈 수 있으므로 사전 협상 단계에서 신뢰를 구축해야 합니다.

공식 협상 단계에서는 구축된 신뢰를 기반으로 공통 영역을 다지고 신뢰 관계를 더 성숙시켜, 공정하고 공평한 해결책을 제시하여 성공적인 협상으로 만들어 갈 수 있습니다. 협상 초기에는 문제의 개요에 대해 동의를 얻어내는 데 초점을 맞추는 등 단계적으로 상호 신뢰를 높여 나가야 합니다. 상호 신뢰가 부족한 상태에서 협상에 들어가면 성공적 협상 결과를 끌어낼 수 없습니다.

협상에서 지지를 얻어내기 위해서는 협상 당사자 주변 사람의 협조가 필요합니다. 어떤 개인도 고립된 개체는 아닙니다. 당신이 거래하는 모든 사람에게는 영향을 주는 주변인이 있습니다. 가족, 직장 상사, 동료 등 주변 사람들의 지지를 받으며 현재 당신의 위치가 있습니다. 어느 누구도 고립된 개체로 보지 말고, 당신이 설득하고자 하는 사람의 주변 사람들 중 협상 상대를 움직일 수 있는 중심핵을 파악해야 합니다. 사람들의 지지를 얻고 있는 중심핵을 통하여 협상 상대에게 영향을 미치게 해야 합니다.

협상에서 반대 세력에 대처하기 위해서는 그 세력을 구분하여 해결해 나가야 합니다. 우리가 원하는 것을 얻기 위해서는 반대 세력과 대면해야 합니다. 반대 세력과의 공정한 경쟁을 통해 당신은 성장과 발전을 촉진하는 통찰력을 얻게 됩니다.

반대 세력은 당신이 내놓은 특정 사안이나 대안에 의견을 달리하는 아이디어 반대 세력과 감정적인 적으로 당신의 관점에 동의하지 않고 당신이라는 인간 자체에 수긍하지 않는 감정적 반대 세력이 있습니다.

반대 세력에 대하여는 구분하여 대처하고 상반된 아이디어나 숫자로 이야기하는 부분은 점차 단계적으로 해결해 나가야 합니다. 또 협상 당사자들을 공개적으로 비난 비평하여 난처하게 만들지 않도록 최선을 다해야 합니다.

협상의 노하우

협상의 노하우는 준비와 정보수집에 있다.
준비된 자가 협상을 주도한다.
－체스터 카라스

비즈니스에 협상이 뭔지 잘 알지 못하는 상태에서 나는 사업을 시작했지만, 문제가 생길 때마다 피하지 않고 공부하며 도전했습니다. 지금은 협상이 어느 정도 나의 강점이 된 것 같습니다.

내가 처음 외국인을 만나 협상을 시작했을 때, 외국인들이 하는 말을 잘 몰라 상대방이 하는 말을 끝까지 들었습니다. 그러다 그 사람들이 하는 표정을 잘 살피고 머리 끄덕이고 그냥 웃었습니다. 나중에 협상 공부를 하고 나서 '상대의 말을 잘 경청하는 게 협상의 기본'이란 걸 알고는 혼자 웃었습니다.

뭔가 협상 공부를 해야겠다 생각하고는 〈데일 카네기 최고경영자과정〉에 등록해 공부를 시작했습니다. 그때 다른 사람의 말을 경청하는 것과 자신의 의사 표현하는 방법을 배웠습니다. 공부할 때는 다른 사람 앞에서 표현하는 게 어색했지만, 연습을 통하여 알게 모르게 조금씩 몸에 익히었습니다.

그 다음 내가 다른 사람 앞에서 발표하고 말하는 것을 배우고 익힌 것은 성당의 전례단 활동인 것 같습니다. 경험하신 분들은 아시겠지만, 나는 제대 위에 처음 올라가 성경 구절 몇 줄 읽는데 앞에 앉아 있는 사람들이 보이지 않을 정도로 긴장하며 정신없이 내려온 기억이 있습니다. 내가 봉사하던 성당의 전례단 단원 중에는 아나운서나 유명한 강연가들이 더러 있었기에 발음, 발성, 태도, 자신감 갖기, 음절 끊기, 마이크 잡는 법, 발표 내용 등 여러 가지를 그분들로부터 배웠습니다. 모든 단원들이 저에게 훌륭한 선생님이었습니다.

그 후 여러 경영자 그룹에서의 공부와 대학원에서 배운 이론과 실제 현장에서 많은 협상 경험을 통하여 나 나름의 협상의 틀을 가지게 되었습니다.

나는 비즈니스 협상을 하기에 앞서 먼저 사전 준비를 철저하게 합니다. 협상 상대는 물론이고 상대의 비즈니스, 관계있는 사람, 가족, 사회 활동 등 가능한 많은 부분을 조사하고 철저히 준비합니다. 그러면 싸우러 갈 때 갑옷을 입은 것처럼 심리적으로 안정이 되고 든든합니다.

협상 상대에 대한 사전 조사에서 상대에 영향을 미치는 나의 인맥과 상대의 중심핵을 체크합니다. 나의 인맥 중 상대에게 직접 영향을 미치는 사람을 통하여 우선 협상이 잘 진행되도록 협조를 요청합니다. 만약 여의치 않으면 상대의 중심핵과 나의 인맥을 체크하여 가능한 모든 라인을 가동하여 협상이 원만히 진행될 수 있도록 도움을 받습니다.

협상 당일의 내 컨디션을 최고로 끌어 올립니다. 국내일 경우도 최고의 몸 컨디션으로 협상에 임하고, 해외 현지 미팅인 경우 비행기 좌석부터 일정까지 철저히 체크해 사전에 조율합니다. 보통의 경우 프리 미팅과 첫 대면 미팅이 협상의 성패에 크게 영향을 미칩니다. 내가 피곤하고 열정이 없어 보이면 그 협상의 결과는 성공적인 협상이 될 수 없습니다.

협상 전 이미지 트레이닝을 통하여 긍정적 자신감을 나 자신이 인식하도록 합니다. 그러면 긴장감이 줄어들고 협상에 자신감이 생깁니다.

협상의 특성에 따라 그에 맞는 의상을 준비하고 신경을 많이 씁니다. 드레스코드부터 의상, 색상, 머리 스타일, 화장 컨셉 등이 당일 협상에 임하는 의지를 그대로 표현합니다. 바지를 입을 건지 치마를 입을 건지, 정장이나 캐주얼도 협상 내용이나 분위기를 고려하여 결정합니다.

협상 장소에는 정해진 시간보다 언제나 먼저 갑니다. 협상 장소의 구조와 분위기를 보고 어떻게 협상을 진행해 갈 건지 그림을 그려 봅니다. 그리고 당일 협상 장소에 들어서는 상대의 행동과 표정을 보고 협상의 대강을 파악합니다. 협상 상대를 보면서 화두를 무엇부터 시작할 건지와 협상을 이끌어 나가는 방향을 결정합니다.

나는 협상장에서 상대와 마주했을 때 시간에 쫓기지 않고 느긋하게 잘 경청하는 스타일입니다. 내가 힘이 있더라도 상대를 누르거나 크게 주장하지 않습니다. 협상 상대는 서로가 주장하지 않아도 누가 힘이 있는지 잘 알고 있습니다. 대부분의 협상은 상대의 말을 경청하고 기다리면 상대가 협상 카드를 먼저 내놓는 경우가 많습니다. 협상에는 엉덩이 평수 큰 사람이 이긴다는 말이 있습니다. 요즘 말로 하면 협상 마감 시간의 힘을 말하는 것인데요, 세상에서 제일 어렵다는 페르시언과의 협상에서도 이 방법이 유용했습니다.

베트남 캔디여왕 장사장의

사장학 개론

PART 5

실패는 성공을 위한 자산이다

포기하지 않고 도전하는 사람들

나는 실패한 것이 아니라,
동작하지 않는 10,000가지 방법을 찾아낸 것뿐이다.
-토마스 에디슨

사업을 하면서 실패를 경험해 보지 않은 사업가는 아무도 없습니다. 실패를 사전에서 찾아보면 "원하는 결과를 얻지 못하거나 뜻한 대로 되지 않고 그르침"이라고 되어있습니다. 우리는 삶을 살아가면서 보통 '실패'라는 단어를 부정적으로 받아들입니다. 하지만 우리의 삶에서 보통 실패라고 생각했던 일들 대부분은 일시적 좌절에 지나지 않았습니다. 더 긍정적으로 표현하면 좌절의 순간은 축복이 변장을 하고 다른 모습으로 우리에게 다가온 것일 수도 있습니다.

한 번도 좌절을 경험하지 못한 사람은 진정한 도전을 해 보지 않은 사람입니다. 사실 모든 좌절의 이면에는 훌륭한 교훈이 숨어 있습니다. 좌절을 경험함으로써 얻는 교훈은 그 어느 것보다 가치가 있습니다. 우리는 다시는 같은 실수를 하지 않기 위하여 공부하고 준비합니다.

애플의 고 스티브 잡스나 마이크로소프트의 빌 게이츠도 처절한 실패 후에 다시 일어나 지금의 세계 최고의 기업이 되었습니다.

어떤 일을 하다 보면 성공할 수도 있고 실패할 수도 있습니다. 하지만, 실패를 바라보는 동양과 서양의 시각차도 서로 떨어져 있는 거리만큼이나 크게 차이가 있습니다.

서양에서는 실패를 성공을 위하여 거쳐야 할 과정으로 생각한다면, 동양에서는 실패는 철저히 경계해 피해야 할 손실로 보는 경향이 있습니다. 그래서 서양에서 실패가 "성공의 어머니."라고 한다면, 동양에서는 "공을 들이지 않은 무너진 탑"으로 생각합니다.

동서양의 전설적인 기업가의 말에서도 그런 사고의 차이가 드러납니다. IBM을 창업한 토머스 왓슨에게 학생들이 "어떻게 해야 성공할 수 있나요?"라고 물었습니다. 왓슨은 "실패를 두 배로 늘려라. 그러면 성공한다."라고 대답했습니다.

경영의 신이라 불리는 일본의 마쓰시타 고노스케는 언젠가 이렇게 말했습니다. "나는 실패한 적이 없다. 어떤 어려움을 만났을 때 거기서 멈추면 실패가 되지만 끝까지 밀고 나가 성공을 하면 실패가 아니기 때문이다."

우리가 거둔 모든 성공의 뒤에는 같은 양만큼의 시련이 있습니다. 분명한 것은 성공한 사람들 모두는 좌절이 주는 치명타에 굴복하거나 꺾이지 않았다는 공통점이 있습니다. 좌절은 오직 사람들이 이것을 실패로 인정하는 순간에는 큰 힘을 발휘하지만, 반대로 그 뒤에 숨어 있는 교훈을 찾아내는 사람에게는 축복으로 변할 수 있습니다.

우리의 삶은 행복과 불행의 순환입니다. 인간사는 바퀴 하나가 회전하는 것과 같아서 어느 한 사람이 항상 행복하거나 불행하라는 보장이 없습니다. 밤이 지나면 새벽이 오는 것처럼, 우리의 삶에서 행복과 불행의 바퀴는 항상 돌고 있습니다. 성공하는 사업가는 포기하지 않고 인내하며 도전하는 사람들입니다.

뜻한 대로 되지 않고 그르친 장사장

실패한 것은 단지 더 지능적으로 시작할 기회일 뿐이다.
-헨리 포드

"영리한 사람들은 다른 사람의 실수를 보고 배우지만, 바보들은 자신의 실수에서 배운다"는 말이 있습니다. 그런 의미에서 나는 정말 바보였습니다. 하지만 자신의 실수와 남의 실수 중, 어떤 것에서 더 깊은 배움을 얻을 수 있을까요? 영리한 사람은 무엇이 옳고 그른지는 알지만, 새로운 것은 깨우치지 못합니다. 그와 달리 바보는 넘어져 얻은 상처에서 삶의 깨달음을 얻습니다.

누구나 실패라는 말을 듣기도 싫고 말하고 싶지 않습니다. 하지만, "실패는 성공의 어머니다"라는 이야기가 있습니다.

이 말은 실패가 성공의 밑거름으로 또 다른 도전의 토대가 된다는 것입니다. 나는 사업을 하는 동안 수없이 넘어지고 좌절했지만, 한 번도 포기하지 않고 계속 도전했습니다.

지금 나를 만나는 사람들은 성공한 장사장이라고 기억할지 모르겠지만 오늘이 있기까지 수많은 어려움과 시련이 있었습니다. 하지만 인내하고 포기하지 않았습니다.

나의 경험이 어려움을 만나 힘들게 사업하는 분들에게 용기와 격려가 되길 바라는 마음으로 나의 허물을 이야기하고자 합니다.

■ 자동차부품 사업

첫 번째 시련은 내가 자동차부품 사업을 시작하고 사업에 자리가 잡혀갈 때쯤 영업사원, 자동차기술자, 회계 직원을 채용했습니다. 그때 큰애가 초등학교에 들어가고 작은애가 유치원에 들어가 엄마의 손길이 필요한 때라, 사업에 집중하지 못하고 조금 소홀히 했습니다. 그런데 어느 날 친척인 영업담당 직원이 출근하지 않았고, 얼마 후 거래처 대부분을 가지고 나가 별도 사무실을 차렸습니다. 그때가 음력 정월로 마침 시할아버지 제사로 시댁 식구들이 모였습니다. 나는 어느 누구에게 말을 할 수도 없었고 가슴이 답답하여 제주(祭酒)로 쓴 술한 병을 마시고 집 밖으로 나왔습니다. 눈 쌓인 개포동 대모산을 몇 시간 헤매다 새벽에 집으로 돌아와 완전히 탈진해 버렸습니다.

사업을 잘 모르는 초보 시절이라 어찌해야 할지를 몰라 한동안 혼자 가슴앓이를 심하게 했습니다. 한참 지나 곰곰이 생각해 보니 모든 문제의 원인은 사업의 기본을 어긴 나의 잘못이었습니다. 사업에 친인척은 쓰지 마라. 사업의 모든 잘못은 사장 책임이지 직원 책임이 아니다. 이렇게 생각을 바꾸니, 친척인 그 영업 담당은 나에게 사업의 기본을 깨닫게 해준 고마운 선생님이었습니다.

■ 식당 사업

두 번째는 내가 식당 사업을 시작하고 나서 삼 년쯤 지나 문을 닫게 된 사건입니다. 나는 그때 젊은 나이라 뭐 겁나는 게 없이 크게 생각하지 않고 사고를 저질렀습니다. 남편과 의논 없이 친구와 동업하여 잠실에 사십 평 정도의 상가를 구입하고 식당을 오픈했습니다.

나와 친구 둘 다 식당 운영 경험이 없어 경영에 어려움이 많았습니다. 30여 년 전이라 식당업은 대부분 현금으로 거래하다 보니 늘 사장이 상주해야 했습니다. 식당업 경험이 있으신 분들은 잘 아시겠지만, 사장이 주방 요리를 할 줄 알아야 주방 컨트롤이 됩니다. 나는 자동차부품 비즈니스도 같이 하고 있어 식당에 전적으로 매달릴 수가 없었습니다. 주방 관리에 수시로 문제가 생기고 홀서빙, 배달 직원 관리 등 문제가 끊이지 않았습니다.

하루는 친구로부터 큰일 났다며 식당으로 빨리 오라는 전화를 받았습니다. 허둥지둥 급하게 식당에 갔더니 예비군 훈련 갔던 주방장이 돌아와 술에 취해 식당에서 칼을 들고 큰 소리로 소란을 피우고 있었습니다. 내가 나타나자 주방장이 잠시 멈칫했습니다. 나는 직원에게 파출소에 신고하라고 하고선 바로 주방장의 바지 허리춤을 잡고 강한 톤으로 "뭐 이런 놈이 있어, 파출소로 가자" 하면서 식당 밖으로 끌고 나왔습니다. 주방장은 예상하지 못한 나의 반격에 엉거주춤 했습니다. 나는 속으로는 겁이 많이 났지만 이때를 놓치면 앞으로 직원들 컨트롤을 할 수 없겠구나 하는 생각에 온 힘을 다해 주방장을 끌고 갔습니다. 파출소로 가는 도중에 경찰이 도착해 데리고 갔습니다. 식당 안으로 들어와 정신을 차리고 보니 온몸이 땀으로 젖어 있었습니다.

하루는 배달하는 아르바이트 학생이 오토바이 사고를 냈습니다. 깜짝 놀라 현장에 갔더니 다행히 사람은 크게 다치지 않았고, 상대 차량도 파손 부위가 크지 않아 현금으로 보상하고 해결했습니다. 사고를 내고 놀란 학생에게 다친 곳이 없느냐고 물었더니 괜찮다고 하길래 "아이고 다행이다. 오토바이는 수

리하면 돼, 괜찮아!"하고 옷에 붙어 있는 흙먼지를 털어주었습니다.

그 후 15년쯤 지난 어느 날, 남대문시장에서 야채빵을 사려고 긴 줄에 서서 차례를 기다리고 있는데 요리사 모자를 쓴 주인이 "사장님, 안녕하세요? 저 정균입니다"하고 인사를 했습니다. 자세히 보니 아르바이트하던 학생이었습니다. 그 학생은 남대문시장에 야채빵 가게를 열어 크게 성공했고 또 다른 곳에도 2개의 매장을 열어 성공한 사업가였습니다. 예전 식당 얘기와 오토바이 사고 이야기를 나누었습니다. 그는 오토바이 사고를 내고 사장님에게 혼날 줄 알았는데 사장님이 오셔서 사고를 다 해결하고 옷에 붙은 흙을 털어주어서, 그 고마움을 평생 잊지 못한다고 했습니다. 빵을 건네받고 돈을 주었더니, "사장님에게 어떻게 돈을 받아요" 하며 받지 않았습니다.

사고와 문제가 연이어 일어나, 친구와 의논하여 큰 손해를 감수하고 상가를 구입한 원가 이하의 가격에 매매하고 다른 사람에게 식당을 넘겼습니다.

식당업은 소규모일 경우 주인이 직접 주방 요리를 할 줄 아는 분이 아니면 상가 구입은 신중히 검토하고 결정해야 합니다. 나는 베트남에서 식당업을 하기 위하여 상담해 오는 분들에게도 주방 요리를 직접 할 수 있는지를 먼저 물어봅니다.

그 다음 투자금이 얼마나 되는지 물어봅니다. 베트남은 상가 임대료가 월세고 보증금은 보통 3개월분을 선지불하면 되기에 초기 투자가 적습니다. 그리고 한국과 달리 권리금 같은 것은 없습니다. 베트남에 식당업을 시작하는 분들이 임차료를 가볍게 생각하고 창업하여 실패하는 경우를 많이 보았습니다.

■ 국제회의 기획사 및 통번역 사업

세 번째는 국제회의 기획사 및 통·번역 사업입니다. 국 내외 전시회 및 무역박람회에 참석하면서 통·번역사들과 가까이 지냈습니다. 그중 영어와 스페인어 통역사들이 우리 사무실에 자주 찾아왔습니다. 회사에 통·번역 부서를 만들어 주면 자신들이 운영하겠다고 하여 회사 내에 부서를 만들어 운영하게 했습니다.

무역협회나 코트라(KOTRA) 행사를 수주하여 통·번역 업무를 수행했습니다. 그러는 중 업체에서 통·번역사 파견을 요청해 왔습니다. 통·번역사를 파견하려면 근로자파견사업 허가를 취득해야 가능했습니다. 근로자파견사업 허가 요건을 검토해 보니 다소 시간도 걸리고, 프로그램을 구축해야 가능한 사업이었습니다.

관련업을 하는 분에게 자문을 받던 중, 근로자파견사업을 하는 한 회사가 조건이 맞으면 법인을 양도하겠다고 하여 협상을 진행했습니다. 신규로 근로자파견사업 허가를 내는 것보다 비용이 저렴하고, 허가 절차가 생략되어 인수하는 것이 시간상 유리하다 판단되어 그 법인을 인수했습니다. 인수 후 얼마 동안은 무역협회와 코트라 행사의 많은 부분을 우리 회사가 진행했습니다. 동시에 정부 기관과 대기업에 통·번역사와 근로자들을 파견했습니다. 대기업에서 진행하는 통번역 사업도 수주하여 그런대로 재미있게 사업을 꾸려 나갔습니다.

얼마의 시간이 지나자, 프로그램 개발비 등 법인 인수 시 드러나지 않은 숨어 있는 하자로 인하여 추가로 큰 비용이 발생했습니다.

그 와중에 발주처 관공서 직원이 우리 회사 통역사를 성추행하는 사건이 발생했습니다. 요즘 같으면 신문에 대서특필할 큰 사건이었으나 오히려 그쪽에서 압력을 행사하고 영업을 방해했습니다.

외국에 살다 국내에 들어온 사람이 영업이사로 활동하겠다고 하여 영업 실적에 따라 수당을 지급하기로 하고 채용했습니다. 몇 달 안 되어 그 직원이 폭력배와 연계되어 사무실에 폭력배들이 들이닥치는 문제도 발생했습니다.

나는 그 당시 무역회사와 국제회의·통번역 회사를 동시에 경영하고 있었고, 애들이 고3, 중3으로 엄마 손이 절대적으로 필요한 때라, 이 사업에 시간 투자와 집중을 할 수가 없었습니다. 손해를 보더라도 회사를 타인에게 양도하려던 차에, 통·번역을 담당하던 직원이 인수하겠다고 하여 양도했습니다. 어떤 사업이든 자신이 가진 모든 걸 집중하여 투자하지 않으면 성공할 수 없습니다. 세상에 공짜는 없습니다. 불변의 진리는 '내가 뿌린 대로 거둘 뿐입니다.'

■ 이란 에어컨 냉매 사업

네 번째는 에어컨 냉매 사업입니다. 무역협회 주관 홍콩 무역박람회에 참가했습니다. 나와 미팅을 한 바이어로부터 캔에 담은 에어컨 냉매 가스를 수출해 달라는 오더를 받았습니다. 그 제품은 내가 잘 모르는 생소한 분야였지만 일단 공급이 가능하다고 했습니다.

한국에 돌아와 제조 업체와 미팅을 하고 공부를 했습니다. 개략적으로 소개하면 교토의정서에 의하여 오존층 파괴와 지구 온난화를 방지하기 위하여 당시 사용하던 에어컨 냉매 가스를 단계적으로 줄이고 오존층 파괴와 온난화 문제가 없는 새로운 냉매를 사용해야 했습니다.

1997년의 교토의정서는 EU가 주축이었으나, 2015년 파리협정에서는 미국과 중국이 참여하여 협정 세부 내용이 구체화

되었습니다.

제1세대 에어컨 냉매 가스인 프레온 가스는 오존층 파괴와 지구 온난화로 1997년을 기준하여 사용을 전면 금지하고, 이후 2세대 에어컨 냉매 가스는 미국 듀폰사가 특허를 가지고 있는 R-134a 등을 사용하고 있었습니다. 하지만 이 제품도 온난화 문제를 해결하지 못하여 단계적으로 사용을 줄이고 나중에는 사용할 수 없도록 협약서에 되어있었습니다.

한국의 한 회사가 오존층 파괴와 온난화 두 가지 문제를 해결한 새로운 에어컨 냉매를 개발 생산하여 캔 타입으로 일본 등 선진국에 수출하고 있었습니다. 캔에 담은 에어컨 냉매 가스를 차량 운전자가 직접 자신의 차량에 주입하면 되는 제품이었습니다.

신냉매를 개발 판매하는 한국 회사의 제품으로는 당시 연일 매스컴에 보도되었던 원더캔이 있었습니다. 사막 등 열대지방에 근무하는 군인들이 음료수나 맥주캔을 따는 순간 섭씨 4도까지 온도를 내릴 수 있는 제품을 개발했다는 기사가 언론매체에 대대적으로 보도되었습니다. 이 회사의 주식은 상장되지 않은 비상장 주식이었지만 높은 가격에 거래되고 있었습니다.

나는 이 회사에서 생산한 제품 중 홍콩 바이어가 오더한 품목의 수량을 수출했습니다. 홍콩 수출을 계기로 그 후 몇 차례 제조회사 대표와 만나고 에어컨 냉매 시제품을 가지고 용산 미군 정비대대, 현대자동차 남양연구소, 캐리어 에어컨, 차량용 에어컨 제조사 만도와 협의하고 실제 성능시험을 했습니다. 시험 결과 냉매 성능은 우수하나 세계적으로 검정이 안 된 제품이라 한국 회사는 다른 나라보다 먼저 사용할 수 없다고 했습니다. 만약 이 제품이 미국 GM이나 일본의 도요타자동차에서 사용 승인이 난다면 한국 회사도 바로 사용할 수 있다고 했습니다.

그때 나는 이 에어컨 냉매 제품에 완전히 빠져 있었고, 당시 사용하고 있는 냉매 제품은 단계적으로 사용을 금지할 수밖에 없다는 확신이 있던 터라 이 제품의 국내 독점판매권 계약을 했습니다. 하지만 세계 최대 탄소 배출국인 미국과 중국이 교토의정서 협정에 서명을 하지 않고 지연하여 몇 년의 시간이 지나갔습니다.

그 와중에 이 제품에 대하여 미국, 일본, 중국, 독일, 러시아 등 세계 20개국에 특허 등록을 했습니다. 세계 여러 나라 정부와 업체에서 이 에어컨 냉매에 관심을 가지고 찾아와 여러 차례 미팅이 있었습니다. 그러던 중 이란 정부 회사인 이란 개발공사(IDRO)와 컨텍되어, 구체적인 협상을 진행했습니다.

이때 에어컨 냉매 제조회사는 자금이 부족하여 경영이 어려웠습니다. 나는 이란 프로젝트가 성공할 가능성이 있다고 판단하고, 추가로 자금을 투자하여 이 회사의 최대 주주가 되었습니다.

IDRO와 1년에 걸쳐 냉매가스 플랜트 건설 협상을 진행했습니다. 최종협상 결과 양 회사가 가스플랜트 건설자금을 각각 50퍼센트씩 투자하여 테헤란에 건설하고, 기술료는 500만 불로 평가하여 공장 준공 후 제품 판매 대금에서 한국 회사에 지불하는 조건으로 계약을 체결했습니다. 생산하는 제품 대부분은 이란과 중동 시장에 판매하고 한국에서 수입이 필요할 경우 시설을 확충하여 공급하기로 했습니다. 본 제품은 천연가스가 주원료인 제품이라 이란 현지에서 생산 시 원가를 획기적으로 줄일 수 있어 기존 제품에 비교해 월등한 경쟁력이 있었습니다.

나는 건물과 집을 담보로 자금을 확보하여 사업추진 단계별로 투자했습니다. 토목공사를 마치고 건축공사를 진행하면서 가스 정제 설비를 발주해야 하는 단계가 되었습니다. 가스 플랜트의 핵심은 정제 가스의 순도에 달렸고, 정밀도가 높은 설비를 생산하는 회사는 세계에 몇 개밖에 없었습니다. 2006년을 기점으로 미국과 이란의 관계는 최악으로 치달았고, 가스 정제 설비가 이란에 수출 금지 품목 리스트에 포함되어 공사가 중지되었습니다. 나는 미국과 이란의 관계가 정상화되기를 기다리고 기다렸으나 아무런 진척이 없었습니다.

기약 없이 시간이 흘러가고 우리 회사에 자금을 대출해 준 은행에서는 자금 회수 절차를 진행했고, 나는 집과 빌딩 모두를 날리고 반지하 월세 집으로 이사를 했습니다. 신림동에서 고시 공부를 하던 딸아이는 고시를 그만두고 취업 전선으로 나섰습니다. 군 제대 후 대학교에 복학을 준비하던 아들도 취업을 했습니다.

나는 이때 큰 충격을 받았습니다. 하지만 개인 회사로 운영하던 자동차부품 판매 회사가 있었으나, 이 회사도 더 이상 운영할 수 없었습니다. 근무하고 있던 직원들에게 자동차부품 재고, 운송용 트럭과 장비, 사무실 집기 등 모든 걸 무상으로 양도해 주었습니다.

그 후 몸과 마음을 추스르기 시작했습니다. 일주일에 하루는 천주교 삼성산 기도원에서 철야 기도회에 참석하고 나머지 시간은 운동하고 도서관에서 공부를 했습니다. 하지만 나는 사업가의 자질이 있는지? 사업을 계속해야 하는지? 등의 심리적 갈등이 있었습니다. 사람의 마음을 읽는 기술이 부족하여 잘 안되었나 하는 생각에 가톨릭대학교 심리학 과정에 등록하고 공부했습니다. 과정을 마치고 심리상담사 1급 자격증을 취득했습니다. 도서관에는 오전 7시경에 도착하여 저녁 10시 문을 닫으면 집으로 돌아왔습니다. 또 내가 그동안 사업을 해오면서 부족한 부분을 집중적으로 공부했습니다.

나 스스로 결론을 내렸습니다. '하느님이 보시기에 나는 아직 부족한 부분이 많아 더 큰 그릇으로 키우기 위해 기회를 주신 것이다.' '우리 아이들도 대치동에서 부족함 없이 자라다 보니 연약하다고 생각하시어, 앞으로 살아가면서 맞이할 세상 풍파에 잘 견디어 낼 힘을 기를 기회를 주신 것이다.' 라 생각했습니다.

세상은 힘이 지배합니다. 내가 베네수엘라에서 비즈니스를 하면서 깨달은 것은 국가나 개인이나 힘이 있어야 합니다. 베네수엘라는 원유 매장량 세계 1위입니다. 하지만 미국의 제재로 생산도 판매도 제대로 할 수가 없었습니다. 베네수엘라 국민도 차량용 기름을 마음대로 살 수 없고 각 가구에 배정된 양을 티켓에 의해서만 살 수 있었습니다.

쿠바 아바나시 교통국에서 현대 카운티 버스 30대 오더를 받았지만, 미국 제재를 받고 있어 물품 공급도 대금 회수도 쉽지 않았습니다.

미국 듀폰사가 특허를 가지고 세계 모든 나라에 공급하는 에어컨 냉매 제품은 세계의 표준입니다. 다른 나라에서 생산하는 제품은 표준의 규제를 넘어설 수 없습니다. 세계 산업의 표준이 된다는 것은 국력이고 힘입니다. 개인이든 나라든 힘을 키워야 살아남을 수 있습니다.

■ 외국인 면세점 사업

다섯 번째, 새롭게 시작한 면세점 사업이 코로나에 직면했습니다. 2015년경 해외 관광객이 많이 들어오고, 서울 시내 면세점 앞에 늘어진 긴 관광객 줄이 연일 매스컴에 오르내리는 등 관광사업이 크게 활성화되고 있었습니다.

서울을 찾는 대부분 관광객은 남산타워를 방문합니다. 남산타워 가는 길목인 이태원동 하얏트 호텔 앞 빌딩 1층에 건강기능식품 면세점을 창업했습니다. 대부분의 사후면세점은 화교들이 운영하고 있어 영업 노하우를 배우기가 쉽지 않습니다. 면세점 운영 경험이 있는 영업 이사를 영입하고 판매 직원은 경력직과 신입 직원을 선발하고 외국인 관광객을 받고 영업을 시작했습니다.

외국인 판매 직원 구성이 경력자와 비경력자, 초등학교 졸업
자부터 박사학위 소유자 등의 사람에 관한 문제가 있었습니다.
영어권, 중국, 일본, 베트남, 인도네시아, 필리핀, 태국 등 다양
한 국적에 따른 직원들의 문화 차이, 여행사 영업과 관광객 유
치 등 경험해 보지 않은 업무라 초반에는 판매 실적이 저조했습
니다. 이러한 문제점 개선을 위하여 다소의 시간과 비용을 투입
했습니다.

면세점을 3년 정도 운영하다 보니 국내외에 우리 회사와 제품
광고가 되고, 여행사 등 다양한 영업을 하다 보니 조직이 안정
되고 매출이 늘어나기 시작했습니다. 특히 베트남, 인도네시아,
필리핀 등의 나라 대사관에서 소개한 VIP 손님이 수시로 방문
하여 그 광고 효과가 나기 시작했습니다. 나는 면세점 사업이
본 궤도 올랐다고 판단하고 2020년 초 구정 관광객 유치를 위
하여 판매 직원을 추가로 채용하고 충분한 수량의 상품을 준비
했습니다. 또 안정적인 관광객 유치를 위하여 다수의 여행사에
선수금을 지불했습니다.

구정(2020년 1월 24일)을 이틀 앞두고 국내 첫 코로나 확진자가
생겼고, 코로나 공포가 전 세계로 퍼져나갔습니다. 전 세계 모
든 나라가 비자 발급과 출입국에 엄격한 제한을 하고 코로나

백신 접종 확인을 철저히 관리하기 시작했습니다. 코로나 공포로 영업을 할 수 없었습니다. 엉거주춤 영업을 이어가다가 견디지 못하고 시차를 두고 점차 직원들을 줄이어 나갔습니다. 마지막에는 큰 손해를 감수하고 면세점 매장을 잠정적으로 닫을 수밖에 없었습니다.

3년이 지난 시점에 영업 재개를 검토하는 과정에서 그동안 우리 회사에서 여행객 유치를 위하여 선수금을 지급한 여행사에 영업을 계속하고 있는지 확인해 보았습니다. 대부분 여행사는 폐업하고 영업을 하지 않았습니다. 여행사는 허가 조건이 까다롭지 않고, 코로나가 언제 끝날지 모르는데 장기 휴업을 할 이유가 없어 다 폐업했던 것이었습니다.

경험하지 않은 새로운 사업을 창업하는 경우, 제반 조건이 잘 맞아도 영업이익이 발생하고 회사가 정상 궤도에 오르는 데는 적어도 3년 정도의 시간이 필요하다고 생각합니다. 어려운 시기를 포기하지 않고 인내로 극복해야 사업에 성공할 수 있습니다. 인간은 주어진 과제에 최선을 다하고 그 나머지는 하늘의 뜻에 맡기고 기다려야 할 때도 있습니다.

베트남 캔디여왕 장사장의
사장학 개론

무역은 다른 나라에서 물건을 사 오거나 파는 비즈니스입니다. 무역을
위해서는 상대국의 사회, 경제, 정치, 문화, 역사, 지리 등 모든 것을
알고 시작하는 것이 중요합니다.

PART 6

베트남 무역실무(요약)

글로벌 비즈니스는 숲을 볼 수 있어야 한다

무슨 사업을 하든 성공적인 비즈니스를 위해서는 그 분야에 대한 해박하고 정확한 지식이 뒷받침되어야 합니다. 자신이 하고자 하는 비즈니스에 대하여 정확한 판단을 하고 사업을 진행하기 위해서는 자신이 가진 정보에 대한 진실을 가려낼 줄 알아야 합니다.

또 정보를 중요한 것과 중요하지 않은 것, 타당성 있는 것과 그렇지 않은 것으로 분류할 줄 알아야 합니다. 그렇게 해야만 정확하게 사고하고 판단할 수 있습니다.

내가 주력으로 수출하는 베트남 비즈니스 전문가는 국내는 물론 베트남에 정말 많이 있습니다. 25년 동안 베트남 비즈니스를 한 나와, 베트남에서 대학을 졸업하고 10여 년 동안 현지 비즈니스를 하는 우리 회사 법인대표도 베트남 비즈니스는 정말 어렵다고 생각합니다.

모든 베트남 비즈니스를 자신들을 통해서만 성공할 수 있는 것처럼 말하는 사람들은 조심해야 합니다.

우리 주변에는 비슷한 능력과 기회가 있었음에도 결과가 다른 이유는, 자신이 가진 지식과 정보를 정확하게 분류하지 못했기 때문입니다. 우리 주변에 성공한 사람들은 어떤 일이든 중요한 것을 잘 골라내고 적절하게 이용하는 사람들입니다. 열심히 일만 한다고 성공이 얻어지는 것은 아닙니다. 정확한 사고를 하는 사람은 결코 자신의 눈에 보이는 것과 귀에 들리는 말을 무조건 믿지는 않습니다.

우리 회사는 다수의 제품을 생산 및 조달하여 수출하고 있습니다. 주요 수출국은 베트남, 미국, 중국, 인도, 카타르 등인데 이 중 주력으로 하는 베트남에 대하여 요약 기술하겠습니다.

무역은 서로 다른 나라 사람들에게 필요한 물건이나 서비스를 사거나 파는 것입니다. 그러려면 상대국의 역사, 사회, 정치, 경제, 문화 등을 알아야 제대로 된 비즈니스를 할 수가 있습니다. 나는 베트남 비즈니스를 위하여 요즘에도 한 달에 한 번 정도 현지 시장을 방문하여 조사하고 새로운 아이템을 구상하는 등 변화하는 시장에서 살아남기 위하여 계속 공부하고 있습니다.

베트남의 인문 지리

베트남은 인구 약 1억 명, 국토는 남북으로 1,650km로 길게 펼쳐진 나라입니다. 국토 면적은 남북한 면적의 약 1.5배이고, 인구밀도가 아주 높습니다. 수도는 북쪽에 위치한 하노이로 인구는 약 5백만 명이고, 상업 중심지인 남측 호치민의 인구는 9백만 명 정도입니다.

베트남은 춘추전국 시대부터 1,000여 년 동안 중국 지배를 받아왔습니다. 이와 관련 오월동주(吳越同舟), 와신상담(臥薪嘗膽) 같은 고사성어가 있는데, 이 고사성어들은 중국 남부 지방의 오(吳)나라와 오늘날 베트남 지역인 월(越)나라와의 전쟁과 증오의 관계를 잘 보여주고 있습니다. 베트남은 일찍 월나라 시절부터 유교 문화를 받아들여 중국, 한국, 일본과 같은 유교 문화권 국가입니다.

근대화 이후, 프랑스 지배를 약 60년 동안 받았고, 2차 세계

대전 때는 일본군의 군사기지로 이용되었고, 미국과 10년 넘게
전쟁을 하고, 1975년 4월 30일 전쟁에서 승리하여 남북통일을
이루어냈습니다. 그 후 1979년 중국과의 국경 전쟁이 일어났으
나 중국군의 철수로 끝이 났습니다. 베트남 사람들은 이 전쟁
에서도 자신들이 이겼다고 말합니다. 강대국인 프랑스, 미국,
중국과의 전쟁에서 차례로 승리하여 베트
남 국민들은 이에 대한 자
부심은 대단합니다.

한국과 베트남의 인연은
멀리 고려 중기인 13세기로 거
슬러 올라갑니다. 오늘날의 베트남
인 대월(大越)에 정란이 일어나 왕족
들이 살해당하자, 화를 피하여 왕손 이용
상이 측근들을 데리고 해상 탈출을 했습니다.
이들 일행이 계절풍을 만나 표류하다 황해도
옹진군 화산면에 상륙하여 살게 됩니다.

당시 고려에서는 이들을 측은
히 여겨 황해도 화산 일대에
정착하게 도와주었고, 이들은

후에 몽골군이 고려에 침입했을 때 대항하여 싸워 공을 세우기도 했습니다. 이 사람들이 오늘날 한국의 화산 이씨입니다. 국내에 거주하는 화산 이씨는 만여 명 정도로 알려져 있으며, 이들은 한국과 베트남 간 교류의 가교역할을 하고 있습니다.

베트남은 사회주의 국가로 공산당 서기장, 주석, 총리, 국회의장의 서열로 구분된 집단지도체제로 운영되고 있으며, 국가의 중대사는 14명의 정치국원이 합의 결정하여 집행하고 있습니다. 최근 서기장과 주석의 권력 견제와 새로운 서기장 선출 등으로 베트남 경제계는 불안해하는 시각도 있으나, 해외에서 바라보는 시각은 베트남은 정치적으로 안정되어 있다고 보고 있습니다.

베트남은 1,000여 년 동안의 지배를 받아 애증의 관계인 이웃 중국과, 10여 년 동안 전쟁을 한 미국과도 적대적이기보다 우호적인 관계를 유지하고 있습니다. 최근 남중국해 분쟁에서 베트남은 미국과 중국 그리고 러시아 사이에 줄타기 외교 전략으로 강대국들을 견제하는 효율적 외교를 잘하고 있습니다.

국경을 이웃하고 있는 인구 1,600만 명의 캄보디아, 인구 800만 명의 라오스가 중국의 경제권에 속하고 있지만, 베트남은 캄보디아, 라오스 그리고 중국과 멀지도 가깝지도 않은 정치, 외교, 경제 관계를 잘 유지하고 있습니다.

베트남의 사회 경제

베트남에 살고 있는 한국인은 25만 명 정도이고, 한국에 사는 베트남인은 약 20만 명이며 매년 증가하고 있습니다. 또 관광을 목적으로 베트남을 방문하는 한국인은 연 400만 명 정도로 한국인은 다른 어떤 나라보다 베트남 여행을 많이 하고 좋아합니다. 한국 관광을 위해 방문하는 베트남인은 약 연 50만 명입니다.

한국인 대부분은 베트남에 대하여 자세히 알지는 못합니다. 하노이와 호치민, 다낭과 나짱 등 유명 관광단지 단체 관광에서 본 베트남의 일부 모습과 베트남 국가대표 박항서 축구 감독 취임 후 좋은 성적을 냈다는 등의 상식을 가지고 한국을 좋아하는 동남아 저개발 국가 중 하나로 알고 있습니다.

하지만 베트남은 인도차이나반도의 패권 국가이고 아세안의 IT 강국입니다. 코로나바이러스 백신을 개발하고 인공위성을 쏘아 올리는 나라입니다.

베트남은 아세안 10개국 중 최고의 게임 개발국입니다. 저렴한 모바일 요금제로 게임 산업이 빠르게 성장하고 있습니다. 베트남 비엣텔(viettel)이 세계 6번째로 자체 제작한 5G 장비를 상용화하여 하노이, 호치민 등 주요 도시에 서비스하고 해외에 수출도 하고 있습니다.

베트남의 스마트폰 보급률은 97퍼센트(15~64세)로 통신 기반이 잘 갖추어져 있습니다. 이를 기반으로 전자결제 산업이 급격히 발전하고 있습니다. 베트남 최초의 핀테크 기업인 VN페이가 대표적입니다. 베트남 40개 은행의 계좌만 있으면 별도 가입 없이 QR코드 기반 결제 시스템을 사용할 수 있는 VN페이는 2만 개 이상의 기업들을 파트너로 하고 있습니다. VN페이 앱으로 결제, 이체, 송금, 공과금납부, 버스표 구입 등을 할 수 있으며, 월평균 1,500만 명 이상이 이용하고 있습니다.

그랩(Grab)은 베트남인의 삶을 바꾸고 있습니다. 그랩은 동남아의 우버(Uber)입니다. 본래 그랩은 말레이시아에서 택시호출 서비스로 출발했지만 매일 4,500만 명 이상이 사용하는 가입자 1억 명이 넘는 글로벌기업입니다. 베트남에서 그랩 없이는 살아갈 수가 없습니다. 오토바이, 택시를 스마트폰 앱으로 호출할 수 있고, 이용 금액이 사전 고지되어 바가지요금 없이 이용할 수 있습니다.

베트남은 커피 한 잔, 쌀국수 한 그릇, 냉장고, 세탁기, 돼지 등을 오토바이로 배달하는 배달 천국입니다. 그랩은 공유차량 서비스에서 음식 배달 주문까지 서비스를 확장하여 베트남 사람의 삶을 완전히 바꾸어 놓고 있습니다.

우리나라 사람들 대부분은 베트남의 대표적 산업으로 신발, 봉제 등의 노동 집약적인 제조 공장을 생각합니다. 맞습니다. 지금도 한국 기업이 투자하여 설립한 세계 최대 규모의 나이키, 아디다스 제조 공장이 베트남에 있고, 세계 굴지의 섬유와 봉제 공장들도 베트남에 있습니다.

하지만 세계 최대의 삼성전자 스마트폰 공장과 삼성, LG 생활가전, 일본의 도시바, 소니, 도요타, 혼다 공장과 한국의 현대차그룹, 독일의 BMW와 전기자동차를 생산하고 수출하는 베트남 기업 빈패스트도 있습니다.

최근 중국에서 철수한 세계 유명 기업들이 제조업 기본 인프라가 갖추어진 베트남으로 많이 이전하고 있습니다.

내가 처음 베트남을 방문했던 2,000년대 초, 베트남 사람들은 은행을 믿지 않아 한국산 금고가 인기 품목으로 불티나게 팔렸습니다. 지금 베트남은 천지개벽을 이루며 '현금 없는 사회'를 표방하고 2025년까지 현금 사용률을 8퍼센트 이하로 낮추는 것을 목표로 하는 국가 프로젝트를 진행하고 있습니다.

베트남의 인구는 1억 명으로 세계 15위의 대국입니다. 유엔이 발표한 중위 연령이 32.5세로, 중국 38.4세, 한국 45세, 일본 48.4세와 비교하면 젊은 나라입니다. 2023년에 출생한 신생아 수는 한국이 23만 명이고 베트남은 100만 명으로 출생률이 대한민국의 2배가 넘는 미래가 있는 나라입니다.

베트남 사교육 열풍은 서울 강남 못지않습니다. 좋은 대학에 가기 위해 유치원부터 국제학교 입학 경쟁이 치열합니다. 초등학교, 중 고등학교 과정의 국제학교 수업료는 1인당 연간 4~5만 불이나 되지만 치열한 경쟁으로 입학이 쉽지 않습니다.

이는 베트남이 한국, 중국, 일본과 같은 유교 전통 국가로, 오랜 과거 제도 영향인 것으로 이해됩니다.

하노이에는 베트남 최초의 대학이자 공자님의 위패를 모신 문묘(Van Mieu)가 있습니다. 이곳에 과거 합격자 명단(1442~1787년)을 기록한 진사제명비가 있습니다. 자식의 좋은 학교 합격을 기원하는 부모들의 간절한 손 만짐으로 만들어진 진사제명비의 움푹 들어간 홈이, 베트남 사람들의 자식에 대한 학구열을 잘 말해주고 있습니다.

베트남에는 유아들을 대상으로 한 비즈니스인 키즈 카페가 성업 중에 있습니다. 베트남 로컬 키즈 카페도 잘 되고 있지만, 상대적으로 고급 형태인 한국식 키즈 카페도 베트남에서 인기 있는 사업 아이템입니다.

한국과 베트남의 관계

도이머이(Đổi mới/쇄신) 정책은 1986년에 베트남 공산당 제6차 전당대회에서 채택된 공산주의 기반의 혼합 경제 목표를 달성하기 위한 개혁개방정책을 의미합니다. 도이머이 정책 도입 후 베트남은 급격한 경제성장을 이루고, 미국과 유럽 등 세계 각국과 무역 및 투자 협력을 강화했습니다.

도이머이 정책에 따라 해외 투자를 유치하고 무역을 활성화하며, 공공기업의 민영화와 개혁을 추진하고, 농업과 산업 부문에서도 개혁을 이루어 생산성을 향상하고 경쟁력을 강화하였습니다. 이러한 경제 개혁 정책은 베트남 경제에 긍정적인 영향을 미쳤고, 베트남은 높은 경제성장률과 빠른 산업화로 경제 역학 구도를 바꾸었습니다. 이로써 베트남은 세계에서 빠르게 성장하는 국가 중 하나로 발전하였습니다.

우리나라는 1992년 베트남과 정식으로 수교(외교 관계)를 맺었습니다. 수교 첫해인 1992년 양국 교역액은 4억 9천만 달러

였으나 수교 30년째인 2022년 양국의 교역액은 877억 달러로 늘어났습니다. 또 베트남은 중국, 미국에 이어 한국의 3대 교역국이 되었고, 한국이 가장 많은 무역흑자를 기록한 나라가 되었습니다.

현재 베트남에는 9,000여 개의 한국 기업이 진출해 있으며, 지난 33년간 베트남에 746억 불(1,000조 원)을 투자하여 누적 투자 1위국입니다. 최근에는 우리나라 외에도, 일본, 미국, 중국, 프랑스, 싱가포르 등 세계 여러 나라에서 대규모 투자를 진행하고 있습니다.

2022년 한국과 베트남은 수교 30년을 맞이하여 진정한 파트너 관계로 나아가기 위해 '포괄적 전략적 동반자 관계'를 맺었습니다. 이는 국가 간 최상위급 외교 관계로 중국, 러시아, 인도에 이어 한국은 베트남의 네 번째 체결 국가입니다.

베트남은 1995년 미국과 정식 수교를 맺고, 2007년 WTO에 가입하였습니다. 최근 미국과의 협상에서 베트남은 WTO 가입 후 통화결제(Currency Conversion), 은행 부문 민영화, 외국인 투자 기업의 사업 기회 확대, 상업 활동 촉진을 위한 법률 및 규제 환경 정비, 대폭 감소한 가격 통제 등의 중요하고 의미 있는 조치를 이행했다고 주장하며 '시장 경제국' 지정을 요청하여 현재 심의 중에 있습니다.

최근 미국과 중국의 통상 마찰로 일부 중국산 제품이 반 덤핑 관세 부과 및 규제 대상 품목으로 지정되어 중국산으로 미국 수출이 어려워지자, 부품 상태로 베트남에 들어와 완성품으로 조립하여 'Made in Vietnam'으로 수출하는 품목이 늘어나고 있습니다.

베트남은 20여 년 전 내가 처음에 봤던 그때와는 비교할 수 없을 정도로 하루하루 빠르게 발전하여, 앞으로 다가올 20년 후에는 어떤 모습으로 발전할지 상상하기 어렵습니다.

베트남과 비즈니스 인연

나는 2000년 무역전시회에 참여하고 베트남 바이어를 만나 자동차부품을 소량으로 수출하기 시작했습니다. 그러나 본격적으로 베트남 비즈니스를 하게 된 것은 미스터 P라는 불법체류자 베트남 청년을 도와준 것이 인연이었습니다.

P는 한국에 산업 연수생으로 들어와 돈을 더 많이 벌기 위해 불법체류자가 되었고, 1년 동안 번 돈을 베트남 가족에게 보내려고 했습니다. 이때 환전 수수료를 아끼기 위해 평소 알고 지내던 한국 사람을 통해 환전하려다가 천만 원을 사기당했습니다. 식사를 못 하고 매일 술과 라면으로 끼니를 때우고 그 사기꾼을 찾으러 다니다 급성 위염과 복통을 만나 저의 사무실 계단에 앉아 있었습니다.

사무실에 데려와 자초지종 얘기를 듣고, 친척이 운영하는 병원에 데려가 치료해 주었습니다. 그게 인연이 되어 P는 하노이에서 사업을 크게 하고 있던 친척 아저씨 미스터 딘을 소개해 주었습니다. 딘 회장은 하노이에서 다섯 손가락 안에 드는 거부로 베트남 정부 자동차회사 부회장과 응애안성 빈 시티에 자신의 자동차 공장을 운영하고 있었습니다.

딘 회장은 베트남 남북통일 전에는 기자를 했습니다. 전쟁이 끝난 후 한국의 중고차와 자동차부품 수입 사업을 하다, 베트남에서 열린 APEC과 ASEAN 회담 의전용 차량을 베트남 정부에 공급했습니다. 이 비즈니스로 돈을 벌어 자동차 공장을 세워 운영하고, 2002년 하노이 정도(定都) 천년 기념사업으로 추진한 하노이 도시종합개발계획 사업에 적극적으로 참여하여 더 큰 부자가 되었습니다.

딘 회장이 한국 회사와 합작하여 베트남에 LED공장 건설을 원하여 내가 주선해 동부라이텍과 합작하여 호치민시 하이테크파크에 건설했습니다. 나는 딘 회장과 자동차부품 등 몇 가지 비즈니스를 했습니다.

딘 회장과 우리 집안은 비즈니스를 떠나 아주 가깝게 지냈습니다. 그러던 중 딘 회장이 폐암이 발병하여 싱가포르 병원에 입원한 것을 알고는 삼성병원과 협의하여 딘 회장이 한국에서 치료를 받게 했습니다.

퇴원하여 통원 치료를 받을 때는 호텔 생활이 불편하여 몇 달간 우리 집에서 지냈습니다. 물론 부인과 가족들이 한국에

올 때도 우리 집에 같이 머물렀습니다. 그 후 딘 회장은 기적적으로 폐암 완치 판정을 받았고, 한동안 건강하게 비즈니스를 할 수 있었습니다.

딘 회장이 친하게 지내던 베네수엘라 차베스 대통령에게 전력 부족 해결을 위하여 카라카스 시내 가로등을 LED와 풍력, 태양광으로 개량하는 사업을 제안했습니다. 차베스 대통령은 그 제안을 받아들였고, 딘 회장은 3천만 불에 그 공사를 수주했습니다. 이때 딘 회장의 배려로 나는 일부 제품은 한국산으로 공급했습니다.

딘 회장은 기자 출신답게, 전세기로 베트남 주석을 모시고 카라카스로 갔습니다. 대통령 궁에서 차베스 대통령과 베트남 주석 앞에서 베네수엘라 전력부 장관과 계약을 체결했습니다. 이때 우리 부부도 같이 참석했습니다. 그 후 공사 진행 중에도 몇 차례 같이 카라카스에 갔습니다. 그 후 딘 회장과 쿠바, 파나마, 도미니카를 방문하고 비즈니스를 같이 진행하려고 했으나 이들 정부의 재정이 불확실하여 리스크가 너무 크다고 판단되어 더 진행하지 않았습니다.

베트남에는 구정 첫날에 귀한 손님이 제일 먼저 오면 그해에 좋은 일이 많이 생긴다는 믿음이 있습니다. 어느 해 음력 정월

초하루 베트남에 일찍 오라고 간곡히 요청해 우리 부부가 새벽 일찍 차례 지내고 간 적도 있습니다.

우리가 한국에서 가지고 간 선물을 가지고 주석, 국회의장과 하노이시장 집에 인사하러 갔습니다. 베트남 정부 고위 인사들이 한국에 회의하러 와 공식 일정이 끝나면 내가 접대하도록 했습니다. 이때 손자 유모차나 부모님 건강식품 등, 그분들 가정에 필요한 물품을 별도로 준비해 선물하기도 했습니다.

한국에서 일하고 있는 베트남 불법체류자들은 고향이 같은 사람들끼리 같은 지역이나 공장에서 일하고 있는 경우가 많습니다. 어느 추석날 급한 전화가 왔습니다. 베트남 불법체류자 친구 두 명이 술을 먹고 오토바이 타고 커브 길에서 반대편 차선으로 운행하다가 차량을 발견하고 급히 차선을 바꾸는 바람에 뒷좌석에 앉은 친구가 차도에 떨어져 반대편에서 오던 차에 치여 죽는 사고가 있었습니다. 내가 알고 있던 베트남 친구가 도와 달라고 했습니다.

남편과 함께 광주시 장례식장에 가보니 경찰이 사망자를 장례식장에 안치해 두었으나 연고자가 없어 처리하지 못하고 있었습니다. 망자를 아는 고향 친구 몇 명이 왔으나 불법체류자라 장례식장에 오지 못하고 조금 떨어진 편의점에 있었습니다. 오토바이를 운전하던 친구는 불법체류가 발각되고 강제 추방 되는 것이 두려워 도망을 가 버렸습니다.

망자가 근무하던 회사 사장을 만나 사실 확인을 하고 도움을 요청했더니 그 회사도 경영이 어려운 상태였습니다. 베트남 대사관과 연락해 망자의 부모에게 사망 사실을 알리고 화장동의서에 서명을 좀 받아달라고 요청했습니다.

대사관으로부터 베트남 부모님의 화장동의서를 받고 화장을 해 베트남으로 보내려고 하니 그 경비가 대략 5백만 원 정도 필요했습니다. 망자가 근무했던 회사 사장이 일부를 부담하고, 친구들이 조금씩 보태고 나머지는 내가 부담해 처리했습니다.

그 후에도 비슷한 경우가 몇 번 있었습니다. 이후 한국 거주 외국인 인권에 관심이 높아짐에 따라 최근에는 불법체류자 관련 사건도 법적 절차에 따라 잘 처리되고 있습니다.

지금 나의 바이어인 하노이의 미스 호아와 미스터 떼복, 호치민의 뷰와 황도 다 한국에서 힘들게 일할 때 내가 조금씩 도와주었던 친구들입니다.

미스터 뷰의 아들 민휘는 얼굴에 백반증이 있어 내가 한국으로 초청하여 서울대병원에서 치료하고 한국 유치원에 데리고 다니기도 했습니다. 이 애가 벌써 대학을 졸업하고 지금은 두바이에 취업해 일하고 있습니다.

초기 산업 연수생으로 한국에 온 베트남 친구들은 꿈과 용기가 있는 청년들이었습니다. 다들 베트남으로 돌아가 자신의 꿈을 이루고 성공한 사업가로 자리 잡고 있습니다. 요즘 가끔 아이들을 데리고 한국으로 여행 오면 전화해 만나 함께 식사도 합니다. 또 내가 베트남에 가면 자신들의 집에 초대하여 성공한 모습을 보여주며 자랑스러워합니다. 그럴 때면 예전 한국에 있을 때 고생하던 이야기 하면서 따뜻하게 안아줍니다.

무역 업무와 수입국의 시장

무역은 서로 다른 나라 사람들에게 필요한 물건이나 서비스를 사거나 파는 비즈니스입니다. 국내나 해외 비즈니스의 성공적인 사업추진을 위해서는 세부 업무에 대한 전문적이고 정확한 지식이 필요합니다.

그 사례로 현재 우리 회사가 비즈니스를 하는 베트남을 예로 들어 수출 업무에 대하여 기술하겠습니다.

수출하려면 비행기와 선박을 이용하는 운송 방법(배송 방법), 운송 중 생기는 문제는 어느 선까지 책임질 것인지(배송 책임, 인코텀스)를 수입자와 협의해야 합니다. 또 수출하기 위해서는 좋은 제품을 구매하는 방법(소싱)과 마케팅을 알아야 합니다.

수출 업무의 흐름을 보면, 무역 아이템 및 거래처를 개발한 후, 바이어와 협상하고 합의합니다. 이때 합의된 결제 방법, 운송, 통관 등에 대하여 계약서를 작성하고 계약을 체결합니다. 그리고 계약 제품의 생산(혹은 제품 준비), 국내 운송, 세관 신고, 선적하고 목적지까지 비행기나 선박으로 운송합니다.

계약 목적물이 바이어가 요구하는 공항이나 항구에 도착하면 바이어와 협의하여 BL(선하증권)을 써랜드(물품 인도)합니다. 바이어는 수입국 세관에서 소정의 절차를 거쳐 통관하고 인수합니다. 하지만 나라마다 그 규정이 다르기 때문에 "국제상업회의소(ICC)에서 제정한 정형 거래조건의 해석에 관한 국제 규칙(인코텀스, International Rules for the International of Trade Terms)에 의하여 무역 거래를 합니다.

먼저 베트남 시장에 대한 정보를 조사 분석하여 시장 상황을 잘 알아야 합니다. 시장 상황분석은 현장 중심이어야 합니다. 나는 베트남에 자동차부품과 중고차 수출부터 시작하였고, 이후 식품과 화장품 등으로 품목을 변경하여 무역업을 하고 있습니다.

처음 자동차부품 수출 당시, 베트남에는 자동차가 별로 없었고, 현지 시장 정보를 얻기가 어려웠던 시절이라 코트라(Kotra)와 무역협회 주관 해외 박람회에 참석하면서 시작했습니다. 박람회에서 바이어를 만나 무역 비즈니스를 시작했으나, 초기 자동차부품 비즈니스가 크지 않아 LCL(소량 혼적)로 수출했습니다. 코트라(KOTRA)가 운영하는 지사화 사업을 추천받았으나 우리 회사는 이용하지는 않았습니다.

많은 기업의 사장님들이 현지 무역박람회나 국내 수출상담회에서 바이어들을 만나 수출 상담을 합니다. 대부분 바이어들은 자신이 그 나라에서 제일 큰 바이어라 하면서 자신만 팔 수 있는 독점권을 요청합니다. 하지만 독점판매계약 체결은 신중하게 조사 검토한 후 결정해야 합니다. 사실 각 부분 큰 바이어들은 자신의 정보 노출을 우려해 수출 상담회의에 참가하지 않은 경우가 많습니다. 베트남 기업에 대한 정확한 조사 없이 능력 없는 현지 업체와 독점판매계약을 체결하여 어려움을 겪는 업체들도 다수 있습니다.

사장님들이 현지 시장조사 시 현지 컨설팅업체를 많이 이용하고 있습니다. 하지만 컨설팅업체 선정은 다양한 경로를 통하여 조사한 후에 신중하게 결정할 것을 권합니다.

내가 본격적으로 베트남 비즈니스를 시작하게 된 것은 곤경에 처한 베트남 불법체류자를 도와준 인연 때문이었습니다. 내가 도와준 베트남 사람의 친척 중 한 사람이 베트남 정부 자동차회사의 부회장으로 있어 그 회사에 CKD(현지 조립 완성차)용 자동차부품을 공급하게 되었습니다. 저의 경우는 상당히 운이 좋았던 특별한 경우입니다.

수출 품목이 바뀌면 그 고객과 시장이 완전히 다릅니다. 식품과 화장품으로 수출 품목을 변경할 때는 마케팅 방법이 완전히 달라서 시장조사부터 다시 시작했습니다.

이때는 베트남에 한국 식품 비즈니스가 막 시작하던 때라 국내 수출 경험자가 적었습니다. 나는 오토바이를 타고 직접 현지 시장을 방문해 바이어를 한 사람씩 만났습니다.

그리고 사람들이 많이 모이는 시장과 공원 앞 거리에서 간이 좌판을 놓고 홍삼캔디와 화장품을 시식하면서 판매했습니다.

베네수엘라 카라카스 시내 가로등을 LED와 쏠라 패널과 풍력으로 변경하는 사업에 참여할 때와 이란 테헤란에 에어컨 냉매 가스 플랜트 사업에 진출할 때는 완전히 백지에서 출발하여 몇 년간 그 아이템에 푹 빠져 누가 뭐라 해도 들리지 않았습니다.

면세점 사업에 진출할 때도 면세점 운영, 적송 제품 등 모든 것이 거의 백지에서 시작해 그 분야의 전문가가 되어 회사를 운영했습니다.

세계 어느 나라에서든 자신이 하고자 하는 사업에 완전히 몰입하고 공부하여 전문가가 되지 않으면 성공할 수가 없습니다.

수출업자가 갖추어야 할 요건

■ 상품을 보는 안목

상품을 보는 안목을 키워야 합니다. 사업을 처음 시작할 때
는 눈에 보이는 것이 전부라고 생각하지만, 사업은 눈에 보이
지 않는 부분이 더 중요할 때도 있습니다. 무역업을 시작하고
실적이 조금 쌓이면, 자신이 만든 제품이 세상에서 제일 좋은
제품이라며 수출해달라는 사장님들이 많이 찾아옵니다. 하지
만 이런 회사 제품은 수출하기가 어렵고 성공하기도 쉽지 않
습니다. 세상은 넓고, 가격이 싸고 품질이 좋은 제품은 너무도
많습니다. 베트남 시장은 세계의 수 많은 제품들이 저마다 품
질과 가격 경쟁을 하는 글로벌 경연장입니다.

나는 세계 20여 개국을 다니며 비즈니스를 하고 있습니다.
방문하는 나라마다 직접 걸어서 전통시장, 백화점과 마트에
가서 직접 쇼핑을 해 봅니다. 현지 상인들과 대화를 나누며 그
들의 삶을 들여다봅니다. 때로는 의사소통이 잘되지 않아도

그건 큰 문제가 되지 않습니다.

점차 경험이 쌓이고 한 분야를 오래 하다 보면, 길을 가다가도 딱! 감이 오는 제품이 있습니다. 이때는 내가 그 회사를 직접 찾아가 사장님을 만나보고 공장 투어를 합니다.

나는 수입이나 수출하고자 하는 제품을 생산하는 회사에 반드시 한 번 이상 방문하는 게 저 나름의 비즈니스 원칙입니다. 제아무리 마케팅 기법이 훌륭해도 사장님의 도덕성이 의심스러우면 성공하기 어렵고, 생산시설이 제대로 갖춰져 있지 않으면 제품 품질 관리와 적기 공급이 어렵습니다. 바이어로부터 한번 신뢰를 잃고 다시 시작하는 것은 처음 시작할 때보다 훨씬 더 어렵고 비용이 많이 들어갑니다.

국내 비즈니스를 잘하는 사람도 필요합니다. 자신의 회사 브랜드로 제조사에 OEM(주문자 상표 제품 생산) 한 제품이거나 다른 회사의 제품을 수출해야 할 때도 있습니다. OEM 생산할 경우 가격 경쟁력을 갖추려면 최소주문 수량(MOQ)을 고려해야 합니다. 이때 해외 시장과 국내 시장의 판매 수량 조합과 마케팅 업무를 계획하고 조정하는 기술이 필요합니다.

■ 바이어와 의사소통

무역은 바이어와 의사소통에 문제가 없어야 합니다. 외국어

구사 능력이 탁월해야 한다는 말은 아닙니다. 비즈니스를 하려는 국가의 언어를 능숙하게 하는 것이 제일 좋지만, 그렇지 않은 경우는 기본적으로 영어를 할 수 있으면 좋습니다. 잘하지 못해도 의사소통은 되어야 비즈니스를 시작할 수 있습니다.

요즘은 첫 거래 후 비즈니스 진행은 대부분 메일, SNS나 전화로 하기에 기본적으로 서로 소통할 수 있는 언어 한 가지는 있어야 업무를 원활하게 진행할 수 있습니다.

나의 경우, 중국 비즈니스를 시작할 때 중국통상학과에 입학하여 중국어와 중국 비즈니스에 대하여 처음부터 공부했습니다. 영어로 의사소통이 된다면 세계 어느 나라와도 무역은 가능합니다. 비즈니스가 성사되어 계약 단계에 이르면 정확한 의사소통을 위하여 현지 언어 통역사와 변호사를 이용하면 됩니다.

비즈니스가 무르익고 서로 신뢰가 쌓여 가족처럼 가까워지면 언어는 큰 문제가 되지 않을 수도 있습니다. 나와 제일 가까웠던 베트남 파트너는 새해 아침이나 아이들 결혼 후 전화를 걸어옵니다. 나는 한국말을 하고 그 친구는 베트남 말을 하지만 우리는 웃음소리나 전화를 걸어온 것만으로 서로의 마음을 전할 수 있었습니다.

▪ 국제 무역 계약 조건

인코텀스에 의한 계약 조건을 알아야 합니다. 국제상업회의소(ICC)에서 정한 인코텀스에 의한 계약 조건과 대금 결제 방식을 결정하고 계약을 체결합니다. 이때 상대 바이어와 협의하여 EXW, FOB, CIF 등의 선적 조건을 결정하고, 수출이나 수입에 있어 돈을 언제, 어떻게 보내고, 받을지를 결정합니다. 모든 비즈니스가 그렇듯 수출도 제품을 공급하고 돈을 받아 적정의 이윤을 남기기 위해 하는 사업입니다. 대부분 무역 비즈니스의 실패와 성공 여부는 계약 조건에 달려 있기에 계약은 아주 중요합니다.

베트남 비즈니스의 경우 일반적으로 FOB(free on board) 또는 CIF(cost insurance and freight)에 의하고, 대금결제는 처음 오더시 30% 계약금을 받고, 잔금은 선적 후 15일 이내에 받는 것이 관행입니다. 처음에는 계약에 따라 비즈니스가 잘 굴러갑니다. 그리고 비즈니스가 점차 진행되면 규모가 커지게 마련입니다. 이때 바이어는 자금 부족을 호소하며 외상 거래를 요청하고, 대부분 수출자는 응할 수밖에 없습니다.

어차피 사업은 자전거 타기입니다. 멈추면 넘어지게 됩니다. 나도 처음에는 실수로 돈 잃고 바이어를 놓치는 경우가 가끔 있었습니다. 사업은 사람의 마음을 읽는 기술입니다. 외상 거래를 하기 시작하면 이전보다 훨씬 더 많이 신경을 써야 하고, 현지에 자주 출장하여 실제 시장의 흐름을 잘 파악하여 매 순간 예상되는 위험에 잘 대처해야 합니다.

■ 환율에 대한 이해

무역 비즈니스는 환율에 대하여 잘 알고 있어야 합니다. 물품 거래할 때 국내와 해외 비즈니스의 차이는, 국내 거래는 자국의 통화로 이루어지고 수출입의 경우 두 개 또는 그 이상의 통화로 거래가 이루어질 수 있습니다.

해외 무역에서 수출자는 외국에 상품을 판매하고 그 대가로 받은 외환을 자국 통화로 교환해야 국내에서 사용할 수 있습니다. 반대로 수입상은 외국에서 상품을 구입할 경우, 대금을 지급하기 위하여 자국 통화를 교환하여 외환으로 지급해야 합니다.

일반적으로 환시세는 외국통화 1단위와 교환되는 자국 통화의 단위 수로 표시할 수도 있고, 반대로 자국 통화 1단위와 교환되는 외국통화의 단위 수로 표시합니다. 외환시장에서 매일 매일의 거래로 성립되는 각종 환율은 외환의 성질과 목적 그리고 관점에 따라 다르나 보통 기준환율로 결정합니다.

기준환율은 외환 시세에서 어느 한 나라의 통화와의 관계가 다른 외환 시세의 산정 기준이 되는 환율입니다. 보통 미국 달러에 대한 세계 각국의 통화 환율을 계산합니다.

계약 체결 시, 기준 통화를 무엇으로 할지를 신중하게 검토 결정하여 환차손이 발생하지 않게 해야 합니다. 기준 통화를 잘못 적용하여 계산상 이익처럼 보이더라도 실제 환율을 적용하여 환전할 경우 손해가 발생할 수도 있습니다.

■ 무역 업무 및 무역 용어

학교에서 반드시 무역을 전공할 필요는 없으나 무역 업무에 대하여 공부를 한 사람이 필요합니다. 무역 업무는 매번 같은 루틴으로 반복됩니다. 그래서 한번 배우면 큰 어려움 없이 업무를 진행할 수 있습니다. 무역업을 하려면 수출입 업무에서 사용하는 기본 용어는 알아야 합니다. 실무에서는 대부분 약어로 줄여서 사용합니다.

기본적으로 알아야 하는 용어로 FCL(Full Container Load, 컨테이너 단위 화물), LCL(Less Than Container Load, 적은 양의 화물을 혼적), CY(Container Yard), CFS(Container Freight Station), P/O(Purchase Order, 구매오더), BL(Bill of Loading, 선하증권), I/P(Insurance Policy, 보험증권) L/C(Letter of Credit, 신용장), Invoice(송장), Packing List(포장 명세서) 등이 있습니다.

■ 포워더와 관세사에 대한 이해

포워더(forwarder)는 물류 및 운송 업무를 전문적으로 처리하는 회사나 중개업체를 말합니다. 물건이 외국으로 나가거나 들어올 때 배나 비행기 등의 운송 수단을 조율하고 화주와 운송사 사이에 계약을 중개하는 역할을 합니다. 이는 물류 업무를 효율적으로 처리하고 수출입 과정을 원활하게 지원합니다.

예를 들어 물품을 수출할 때, 화주는 선사와 직접 배에 대한 예약을 하지 않고 포워더를 통하여 운송 업무를 조율합니다. 포워더는 화주들을 모아 선사나 항공사와 계약을 체결하고 제반 운송 업무를 처리합니다. 포워더는 물류 회사가 아니며, 실제로 배나 항공기를 소유하지 않고 중개 서비스를 제공하는 일을 합니다.

관세사는 관세 및 세관 업무에 대한 전문지식을 가지고 있으며, 수출입 신고를 대행하는 전문업체입니다. 무역 거래 시에는 해당 국가의 관세청에 물품의 수출이나 수입을 신고해야 합니다. 관세사는 이러한 관세 신고 및 세관 업무를 대신 처리해 주는 역할을 합니다.

관세사는 세관 절차 및 관련 법규에 따라 고객의 물품이 원활하게 통관될 수 있도록 도와줍니다. 또 관세사는 관세 및 세관 업무에 대한 상담과 통관할 때 발생하는 문제해결을 도와줍니다. 관세사는 수출 신고를 위한 서류 작성 및 제출과 세관 업무에 따른 관세 및 기타 세금 지불을 대행하기도 합니다.

관세사는 FTA(자유무역협정) 업무에 대하여 자문과 교육 서비스도 하고 있습니다. 이런 서비스가 필요한 경우 관세청이 지원하는 제도를 이용하면 비용을 지원 받을 수 있습니다.

■ 관세에 대한 이해

관세는 국경을 거쳐 수입한 상품이나 서비스에 부과하는 소정의 세금으로 각 나라와 FTA 협정 세부 내역에 따라 다르기에 관세와 FTA에 대한 공부가 필요합니다.

자유무역협정(FTA, Free Trade Agreement)은 협정 체결 국가 간에 상품이나 서비스 교류에 대한 관세 및 무역 장벽을 철폐함으로써 배타적인 무역 특혜를 부여하는 협정을 말합니다. 우리나라는 2003년 한-칠레 FTA 협정부터 시작하여 현재 21건 59개국과 협정이 발효되고 있습니다.

관세와 FTA 업무를 진행하기 위해서는 HS-Code(국제무역의 상품 품목 분류 체계)를 알아야 합니다. 해당 상품의 HS-Code 검색은 관세청 유니패스 관세 법령 정보포털 사이트에서 검색할 수 있습니다. 바이어와 긴밀히 협의하여 수입국에 필요한 HS-Code로 수출 신고하여 원산지 증명(CO Certificate of origin)

을 발행 지원해야 합니다.

관세는 협정 국가별 FTA 세부 협정 내용에 따라 달라질 수 있습니다. 예를 들면, 말린 대추를 중국에서 한국으로 수입하면 한-중 FTA 협정에 의하여 관세는 600퍼센트가 넘는 고관세입니다. 하지만 중국에서 직접 베트남으로 중계 무역하면 아세안-중 FTA에 의하여 무관세가 됩니다. 우리 회사는 중국에서 생산되는 말린 대추와 황도를 베트남으로 중계 무역하고 있습니다.

■ 제품 수입허가

수입 제품 수입허가를 수출자와 수입자 중 누가 해야 하는지는 나라마다 다릅니다. 중국의 경우 수출자가 품목별 수입허가를 받도록 하고 있습니다. 수입허가에는 많은 비용이 소요되어 초기 중국 비즈니스를 하던 업체에서는 큰 경제적 손해를 입은 사례가 다수 있었습니다.

베트남의 경우 보통 수입 업체가 개별 품목별 수입허가를 받습니다. 이때 수출 회사는 수입자가 요청하는 서류를 작성하여 서류별 공증사무소 공증, 외교통상부 공증, 베트남 대사관 공증을 받아 수입 회사로 보내면 됩니다. 허가 기간은 품목에 따라 다르나 짧게는 1개월에서 길게는 1년 넘게 소요됩니다.

■ 협상 능력

무역 업무에 있어 가장 중요한 것은 바이어와의 협상이고, 각 회사에는 협상 능력이 훌륭한 직원이 필요합니다. 무역 비즈니스를 잘하려면 여러 가지를 공부해야 하지만 가장 중요한 것은 바이어의 마음을 잘 읽고 이해하여 협상을 성공적으로 이끌어내는 기술이 제일 중요합니다.

환율이 만든 소동(환율 관련 에피소드)

초기 베트남 비즈니스를 할 때 있었던 일입니다. 바이어와 계약을 한 후, 주문을 받고 계약금 입금 확인 후 물품을 선적했습니다. 컨테이너 베트남 세관 통관 후 2주쯤 지났을 때 바이어에게 남아있는 물품 대금 송금을 요청했습니다. 바이어가 차일피일 1주일을 미루다가 송금했다고 했습니다. 며칠을 더 기다려 국내 은행에 외환 입금을 확인했으나 입금된 금액이 없었습니다. 우리 회사 베트남 직원을 통하여 입금을 독촉하자 바이어가 베트남 은행에 외환 송금 요청한 영수증을 보내왔습니다. 또 며칠을 기다려 국내 은행에 확인했으나 입금된 외환이 없었습니다.

우리 회사 베트남 직원이 베트남 은행에 송금했는지 전화로 확인하니 송금했다고 했습니다. 우리 직원에게 베트남 은행에 가서 한국의 은행 담당과 직접 전화로 확인하도록 했습니다. 우리 회사 직원이 베트남 은행에 찾아가 담당 직원에게 송금 확인하러 왔다고 하자 잠시만 기다리라고 했습니다. 은행 담당 직원이 은행장의 방으로 들어가 조금 있다 나와서 송금 영수증을 주었습니다. 송금 영수증에 송금한 일시를 확인해 보니 우리 직원을 만난 후에 외환 송금한 영수증이었습니다.

당시 베트남은 달러가 부족하여, 개인 은행에서는 며칠이라도 외환 송금을 지연시키고 그동안 달러를 이용하려고 바로 송금을 하지 않는다는 것을 알았습니다.

이란과 CKD 자동차부품 수출 시에도 비슷한 사례가 있었습니다. 대략 10만 불 미수금이 있었습니다. 1개월쯤 기다리다 독촉하자 이란 은행에서 발행한 외환 송금 영수증을 보내왔습니다. 이란 은행에서 보내온 돈을 받는 국내 은행은 유럽 은행 한국 지사였습니다. 송금 영수증을 가지고 그 은행을 찾아갔으나 송금해 온 금액이 없다고 했습니다. 그 은행에서 이란과 전화 통화로 확인하니 이란 회사가 이란 은행에게 부탁하여 거짓 송금증을 보내온 것이었습니다.

이란 회사에 계속 미지불 대금을 지급해 달라고 독촉하자 이란에 오면 현금을 주겠다고 해 테헤란으로 갔습니다. 당시 이란 정부는 미국의 강력한 규제로 달러를 구하기가 매우 어려웠습니다. 이란 회사에서 달러를 구할 수가 없다고 하여 이란 리얄로 10만 불 상당을 받았습니다. 갑자기 큰 부피의 이란 리얄을 받고 난감했습니다. 당시 이란 출국 시 휴대할 수 있는 외화는 1만 불이었습니다. 초과한 외화를 휴대하고 출국 시 압류한다고 했습니다. 이란 리얄로 암시장에서 미화 1만 불을 환전하고 나머지 금액은 어쩔 수 없이 서울에 불법체류하고 있던 이란 친구의 가족에게 주고 국내에서 그 친구로부터 한화로 받기로 했습니다. 서울로 돌아와 그 친구로부터 9만 불을 6개월에 걸쳐 나누어 받았습니다.

베네수엘라 카라카스 시내 가로등 비즈니스 할 때입니다. 베네수엘라 경제부 장관과 카라카스에서 만나 미팅과 식사를 했습니다. 그 후 나의 숙소로 그 장관과 장관의 전 부인이 찾아왔습니다. 그의 전 부인은 무역부 국장이었는데 두 사람은 2년 전에 이혼했었습니다. 아들이 미국에서 대학을 졸업하고 일본 동경대학교 대학원에서 공부하고 있었습니다.

여름 방학을 맞아 한국에 배낭여행 왔다가 한국이 좋아 일본 대학원을 휴학하고 고려대학교에서 어학연수를 시작했습니다. 한국에 있는 아들에게 보낼 달러를 암시장에서 환전하여 나에게 가져왔습니다. 부부가 각각 가져온 돈을 합해보니 대략 2천 불 정도였습니다. 그중에는 5불, 1불짜리도 많이 있었습니다. 당시 베네수엘라는 미국의 규제를 받고 있어 정부의 공식 환율과 암시장 환율 간에 2배가 넘게 차이가 있었고 달러를 구하기가 어려웠습니다.

한국에 돌아와 그 장관의 아들에게 전화해 우리 집에 오도록 해 왔습니다. 그때가 크리스마스 전이었는데 여름옷에 겉옷 점퍼만 겨울옷이었습니다. 마침 우리 아들이 군에 가 있어 아들의 겨울 외투를 입히고 겨울옷을 가방 가득 챙겨 보냈습니다. 그의 부모가 보내준 금액에 내가 1천 불을 보태어 주었습니다.

베네수엘라를 떠나올 때, 카라카스 친구가 알려준 정보대로 암시장에서 달러를 현지 화폐 볼리바르로 환전하여 공항 면세점에서 가족과 친구들에게 선물할 물건을 구매했습니다. 구입한 물품 가격을 환산해 보니 달러로 살 때의 절반 금액에 구입했습니다. 베트남 딘 회장은 정부 고위 간부들에게 줄 선물을 가득 사고는 비행기 푯값은 그냥 남았다고 좋아했습니다.

예전 우리가 해외 나갈 때 명동 암시장에서 달러 바꾸어 나가듯이 개발도상국이나 정치가 불안한 나라에서는 늘 정부 공식 환율과 암시장 환율에 큰 차이가 납니다. 무역업을 하는 기업에서는 환율 관리가 가장 중요한 업무입니다. 1997년 우리나라가 IMF 구제금융을 받을 때 환율이 2,000원이 넘었던 때를 생각하면 환율에 대한 이해가 쉽게 될 것입니다. 그 나라의 화폐 가치는 국력의 지표입니다.

베트남 캔디여왕 장사장의
사장학 개론

PART 7

성공하는 사장의 품격

사장 자격증은 필요 없어도
품격은 있어야 한다

사업가는 사업에서 성공하여 최상층 그룹으로 도약합니다. 이때 사장은 품격에 맞는 생각, 말과 행동을 공부하고 준비해 그 요건을 갖추어야 합니다. 하루아침에 되지는 않겠지만 준비하여 배우고 익히면 불가능한 것은 아닙니다.

한 리쿠르트 회사가 "대한민국에서 사업가로 성공하는 요건이 무엇입니까?"라는 설문 조사를 했습니다. 조사 결과에 의하면 외모, 학벌, 경제적 조건, 인맥, 집안 배경 등을 꼽았습니다. 현대를 살아가는 우리들의 생각이 잘 드러난 것 같습니다.

성공한 사람들이 갖추어야 하는 품격은 동서고금이 큰 차이가 없습니다. 여기에서는 조선시대 인재를 뽑는 기준인 신언서판과 프랑스의 언어학자 도리스 메르틴이 제시한 인간의 품격을 이루는 심리, 문화, 지식, 경제, 신체, 언어, 사회 자산 등 7개 자산으로 구분 기술하고자 합니다.

조선시대의 인재 선발 기준은 신언서판(身言書判)이었습니다. 이 인재를 뽑는 기준은 당나라의 태종이 사람 됨됨이를 평가하는 시험제도에서 유래되었습니다.

신(身)은 건강한 신체와 반듯한 용모를 뜻합니다. 사람을 대하는 태도와 행동 같은 보여지는 모습, 즉 시각적으로 사람을 평가한 것입니다. 오늘날의 인물 평가 기준으로 높이 평가받고 있는 UCLA의 심리학 교수인 알버트 메라비언의 "메라비언의 법칙"과도 일치하고 있습니다. 이 법칙에 따르면 시각적 요소(visual) 55%, 청각적 요소(audio) 38%, 말의 내용(contents) 7%로 상대방을 평가한다고 합니다. 동서고금을 막론하고 보여지는 모습, 행동, 매너 같은 신체 자산을 잘 관리하는 것은 성공의 필수요건입니다.

언(言)은 사람의 언변을 이르는 말입니다. 필기시험과 별도로 구술시험으로 사람을 평가하는 것입니다. 오늘날의 면접시험에 해당합니다. 아무리 학식이 깊고 넓어도 말에 조리가 없고 분명하지 않으면, 그 의도가 제대로 전달되지 못하고 리더십을 제대로 발휘할 수 없습니다.

서(書)는 학문의 깊이 즉 지식의 정도를 평가한 것입니다. 글은 그 사람이 가지고 있는 지식은 물론 그 사람의 사고와 철학, 그릇의 크기를 평가할 수 있습니다. 오늘날의 필기시험에 해당하는 것으로 사람의 기본을 평가하는 기준이었습니다.

판(判)은 판단력입니다. 머리에 든 지식이 많다 해도 사물의 이치를 헤아릴 줄 아는 판단력이 부족하면 그 능력을 제대로 발휘할 수 없습니다. 사업가는 사업과 관련한 제반 사항에 대하여 통찰력을 가지고 판단하고 행하는 심리적 자산이 가장 중요합니다.

언어학자 도리스 메르틴은 그의 저서 『아비투스』에서 인간의 품격을 이루는 심리, 문화, 지식, 경제, 신체, 언어, 사회 등 7개 자산으로 구분하여 상류층이 갖추어야 할 품격을 제시했습니다.

그가 말하는 자산에는 돈과 권력 이외에 많은 것이 포함됩니다. 출신 배경과 인맥도 자산이고, 교육, 관계 맺는 방식, 미적 감각, 달변과 적합한 목소리 톤, 당당한 자세, 낙관주의와 안정적인 정신도 자산입니다. 사람의 품격은 결코 돈만으로는 이루어지지 않습니다. 자신이 만나는 모든 사람, 즐기는 모든 것, 해내는 모든 과제가 자신의 품격을 만들어 갑니다. 고상한 품격은 저절로 생기지 않고, 실현하고 싶다면 뭔가를 해야 합니다.

품격은 세상을 살아가는 방식과 태도를 말하며, 모든 사람에게는 고유한 품격이 있습니다. 사람의 품격은 처음에는 가족을 통해 습득하고, 사회계층에서 의식하지 못하는 사이에 자신의 가치관과 취향까지 만들어 갑니다.

품격은 당신의 과거, 가족, 교육, 경력을 통해 형성됩니다. 하지만 고상한 품격은 저 높은 곳에 있는 이들의 독점적 특권은 아닙니다. 당신이 아는 모든 사람, 당신이 만드는 모든 것, 당신이 해내는 모든 과제가 당신의 품격이 됩니다. 올바른 방향 설정은 당신에게 달렸고 그 열쇠는 당신 손에 있습니다.

이 장에서는 성공하는 사업가가 되기 위하여 갖추어야 할 자산을 심리, 문화, 지식, 경제, 신체, 언어, 사회 자산 순으로 기술하고 각 자산의 뒷부분에 필자 장사장의 자산을 정리 기술했습니다.

무대 위에 주연배우가 되는 심리 자산

심리 자산은 인간을 강하게 하는 자원인 희망, 자신감, 낙관주의, 회복탄력성과 사업을 하면서 겪는 어떤 어려운 상황에서도 자신 있게 행동하는 정신력과 감정을 평온하게 하는 자원을 말합니다.

사람들이 누군가에 대해 '그 사람은 급이 다르다'라고 말할 때, 돈과 외모, 출신 배경을 말하는 경우는 드물고, 보통 '급'은 그 인물의 크기, 즉 '그릇'을 의미합니다. 급은 성격과 태도로 확인됩니다. 성공한 사업가는 출신의 영향을 받지 않고 '급'이 다른 삶을 살아갈 수 있습니다. 모두가 자신의 심리 자산을 단련하고 낙관적 사고방식을 발달시키고, 자아를 통제하며 역경에 견디는 연습을 통하여 이겨낼 수 있습니다.

심리학에 '크랩 멘탈리티(Crab mentality) 효과'라는 이론이 있습니다. 어부들이 게를 잡아 그냥 산채로 바구니에 던져놓은 것에서 유래합니다. 게들은 사실 바구니에서 쉽게 기어올라

탈출할 수 있지만, 다른 게들이 달라붙어 다시 아래로 끌어내리기 때문에 탈출하지 못합니다.

이 이론은 인간 행동에 있어서 집단의 한 구성원이 다른 구성원들보다 더 우월하면 다른 구성원들은 질투, 분노, 열등감, 경멸 등의 감정을 느끼면서 그 구성원의 성공을 방해하는 행위를 말합니다.

사업은 혼자서는 할 수 없고, 세상 사람들과 함께할 때 더 크게 성공할 수 있습니다. 사업가는 선택해야 합니다. 아무런 도전도 하지 않고 다른 게를 방해만 할 건지, 조금 오르다 쉽게 좌절할 건지, 아니면 끝까지 기어올라 결국 바구니를 탈출할 건지, 당신이 지금까지 어떤 '게'였든 앞으로 당신이 꿈꾸는 더 높은 품격을 만들어 갈 수 있습니다.

사업이 잘 굴러가고 인생이 술술 풀릴 때보다 실패하고 좌절하는 등 삶의 힘든 고비에서 세상의 거친 비판에 견디고, 실수를 받아들이고, 포기하지 않는 심리적 맷집이 필요합니다. 우리는 이를 회복탄력성이라고 합니다.

성공하지 못한 사람은 힘든 역경을 만나면 괴로워하고 원망하지만, 성공한 사람들은 주저앉지 않고 재빨리 새로운 목표를 향해 나아갑니다. 성공하는 사람과 실패하는 사람의 차이는 실패 후의 행동력에 있습니다.

우리는 일정량의 회복탄력성을 가지고 태어나지 않았습니다. 하지만 근육처럼 키울 수 있고 필요할 때 이용할 수 있습니다. 또 심리적 저항력도 체계적으로 배우고 훈련하면 어려운 상황을 만났을 때 다른 사람보다 더 슬기롭게 대처할 수 있습니다.

성공하는 사업가는 늘 새로운 것에 관심을 두고 공부합니다. 책을 많이 읽는 사람 모두가 성공하지는 않지만, 크게 성공한 사람들은 책을 많이 읽습니다. 성공한 사업가는 명확한 목표를 세우고 그것을 성취하기 위해 일합니다. 그들이 성공한 이유는 더 똑똑해서가 아니라 목표에 대한 계획을 세우고 실천했기 때문입니다.

성공하는 사업가는 생각과 행동이 유연하고 그러지 않은 사람은 세상의 소리에 더 많이 끌려다닙니다.

사람은 보고 배운 것에 따라 새로운 것에 용기 내어 도전할 수 있습니다. 안목을 넓혀야 합니다. 작은 프로젝트보다는 큰 프로젝트를 맡아야 합니다. 어려서부터 야심 찬 목표가 있는 가정에서 보고 자라왔다면 자신도 최정상에 갈 수 있다는 확신을 가질 수 있습니다. 이런 확신은 성공에 도움이 되는 중요한 심리 자산입니다.

많이 가진 자가 도박에서 판돈을 더 많이 걸 수 있습니다. 암벽은 헬멧과 안전 장비가 없으면 당연히 극복할 수 없어 보입니다. 위험을 피하고 더 쉬운 길을 택하는 것은 겁이 많아서가 아니라 상황을 고려한 현명한 행동입니다. 안전 장비를 갖추면 훨씬 편안한 마음으로 암벽에 도전할 수 있습니다. 우리의 대담성은 보유한 자원에 달렸습니다. 안전에 대한 욕구가 당신을 주저하게 한다면, 먼저 당신이 개인적, 물질적, 사회적으로 무엇을 저울에 올릴지 확인하고 가용할 수 있는 모든 자원을 동원해야 합니다.

당신의 사회적 위치가 어디든 쩨쩨하게 굴지 말고 관대하게 대해야 합니다. 관대함은 품위와 부를 끌어당기고 늘 효과를 얻습니다. 이 세상 누구나 자신의 노력과 성과, 취향을 인정받으면 기뻐하고 좋아합니다. 인간은 본성적으로 자기애가 앞서서 다른 사람의 위대함을 인정하기가 쉽지 않습니다. 그러나 자신이 원하는 것을 다른 사람이 가졌을 때도 기뻐할 줄 알아야 좋은 성품입니다.

자신이 좋아하는 일을 하는 사람이 크게 성공합니다. 자신의 고유한 관심사를 쫓고 마음속의 소망을 이루려고 노력하면 잠재력을 발휘하고 성취할 수 있습니다.

■ 장사장의 심리 자본

누구나 사업을 시작하고 열정적으로 과업을 수행해 뜻한 바를 성취할 수 있습니다. 하지만 세상사 맘대로만 되지 않습니다. 때로는 살아가면서 넘어지고 쓰러질 수 있고, 몸과 마음이 지쳐 다시는 일어날 힘이 없을 때도 있습니다. 나는 사업을 하면서 성취와 위기가 늘 함께 있었습니다. 목표한 것을 이루었을 때는 그 환희와 기쁨을 즐겼지만, 실패를 만났을 때는 불안과 절망의 바닥에서 헤매고 힘든 시간을 보냈었습니다.

사업을 시작하고 얼마 되지 않았을 때, 버스 회사에 자동차 부품 납품을 위하여 영업활동을 처음 시작할 때입니다. 버스 회사 정비 반장을 통하여 사무실에 실세 경영자였던 전무와 사전에 미팅 약속을 잡고 음료수 1박스를 들고 방문했습니다. 사무실에 들어가서 명함을 교환하고 소파에 앉으라고 해 자리에 앉았습니다. 그런데 소파가 푹 꺼져 있어 나는 마치 선생님에게 지도를 받는 기분을 느꼈습니다. 당시 나는 젊었지만 이래서는 협상이 되지 않겠다고 생각되어 바로 일어서서 하겠다고 했습니다. 경험이 없던 내가 어디에서 그 용기가 나왔는지, 당황한 건 오히려 전무였습니다. 일어서서 당당하게 한 협상이 잘 되었는지는 모르지만 성공리에 협상을 끝내고 그 회사와 비즈니스를 진행할 수 있었습니다.

국제회의·통번역 회사를 운영할 때 새로이 영입한 외국에서 살다 온 영업이사가 폭력배와 연계되었고, 깍두기 아저씨 3명이 우리 회사에 찾아와 나를 협박했습니다. 나는 깍두기들과 미팅을 하고는 당신들의 부당한 조건을 들어줄 수 없다고 선언하고는 일어나서 회의실을 나와 버렸습니다. 그리고 경찰에 신고했고 경찰이 출동해 그들은 사무실에서 철수했습니다. 그 후 그들은 우리 집과 아이들을 거론하며 전화로 협박했습니다. 2주 동안 출퇴근과 업무 시 경찰의 경호를 받았습니다. 나중에 전해온 소식에 의하면 그 영업이사는 다른 사기 사건으로 구속되었습니다.

이란 비즈니스 실패로 가진 것 전부를 잃고 심신이 지칠 대로 지쳐 다시는 아무것도 할 수 없을 것 같은 절망의 시기가 있었습니다. 이런 위기를 극복하기 위해서는 환경과 주위의 사람이 가장 중요합니다. 내가 한 것은 육체적 건강 회복을 위하여 운동하고, 지난 실패를 인정하고 빨리 잊기 위해서 기도와 공부를 했습니다.

가족들은 혹시 내가 나쁜 마음이라도 먹을까 노심초사 지켜보면서 시간 나는 대로 운동을 하도록 했습니다. 힘들게 걷고, 등산하고, 자전거 타고 몸을 극한으로 힘들게 하여 지쳐 쓰러져 자곤 했습니다. 그렇게 몇 달을 하고 나니 몸은 어느 정도

정상으로 돌아왔습니다.

 심리적 안정을 위하여 시간 나는 대로 기도원에서 기도하고, 심리학과 철학 공부를 했습니다. 사람들은 멘탈이 무너지면 보통 잠을 잘 자지 못하고 뭘 잘 먹지 못한다고 합니다. 나는 매일 지치도록 운동을 하다 보니 늘 숙면을 취하고 무엇이든 잘 먹을 수 있었습니다.

 집에 들어가면 어려운 가운데서도 따뜻하게 대화할 수 있는 가족이 있어, 내가 생각하는 것들을 함께 나누다 보면 어렴풋이 길이 보이기도 했습니다. 또 실패한 것에 대하여 최악의 경우를 생각해 보니 그 어느 것도 나 자신보다 중요한 것은 없었습니다.

 또 심리적으로 견디기 어려운 불안이나 두려움은 이겨낼 수 있다고 계속 마음속에 긍정의 대화를 했습니다. 당시 나에겐 경제적으로 큰 실패이었지만 매일 그렇게 주문을 외우다 보니 나중에는 진짜 큰 문제가 아닌 것처럼 생각되기도 하고 희망이 보이기 시작했습니다.

 어느 날 도서관에서 허영만 선생의 '꼴'이라는 책을 보다가 감수자가 관상가 신 선생님이라는 걸 알았습니다. 어느 하루 오전에 구의동에 있는 신 선생님 사무실을 찾아갔습니다. 마침 젊은이 한 명과 상담을 하다 신 선생님이 그 젊은이에게 큰소리로 야단을 쳤습니다. 그 젊은이가 나간 후에도 한참 동안 혼자 말을 하다, 들어오라고 해 마주 앉아 상담을 시작했습니다. 젊은이의 잘못된 행동을 지적하고 바른길로 안내했는데 말을 듣지 않아 혼을 냈다고 했습니다.

마주 앉아 신 선생님을 뵈니 대쪽 같은 영감님 같아 보였습니다. 이름과 생년월일을 묻고 나를 물끄러미 보고 있더니 "왜 왔어요?"라고 물었습니다. 사업을 하다 실패를 해 잠시 쉬고 있다고 하고는, "제가 사업을 할 사주와 관상인지 궁금해 왔습니다."라고 했습니다.

신 선생은 내 사주와 관상을 풀어보더니, "아이고, 장 선생 돈 걱정 없어요. 지금부터 장 선생은 사업이 술술 풀리고 죽을 때까지 돈이 들어옵니다. 내일부터 동서남북 사방에서 장 선생을 도와주려는 귀인이 나타나니 걱정하지 말고 빨리 가서 사업 시작하세요." 하며 용기를 주었습니다.

하루는 고등학교 선배로부터 같이 '논어' 공부하러 가자고 전화가 왔습니다. 동양학은 예전부터 공부했던 것이라 망설이지 않고 가겠다고 대답했습니다. 그다음 주 수업이 있는 날 선배와 같이 간 곳이 금곡서당입니다. 금곡 선생님과 마주 앉아

차를 마시며 제가 사업을 하고 있는데 지금은 실패하여 힘이 든다고 말했습니다.

금곡 선생님은 저의 사주와 손금을 보시고, "장사장 잃어버린 그 돈, 장사장 거 아닙니다. 지금부터는 돈 걱정 안 해도 됩니다. 이제부터가 진짜 사업입니다."라 하시며 용기와 힘을 주셨습니다. 공부하면서 옛 성현들의 지혜를 배우고 서예를 하면서 심리적 안정을 찾을 수 있었습니다. 서당에서 훌륭한 분들을 많이 만나 지금도 좋은 관계를 이어가고 있습니다.

사실 사업을 계속하고 안 하고는 내가 결정합니다. 하지만 살면서 마음대로 안 될 때는 누구나 확신이 서지 않고 흔들릴 때도 있습니다. 내가 힘들 때 심리학과 동서양 철학을 공부한 것도 우연인 것 같지만 나에겐 필연일 수도 있습니다. 육체적 회복보다 심리적으로 자신감을 회복하는 것이 훨씬 어려울 수도 있습니다. 나는 심리학과 철학을 공부하면서 세상을 살아가는 데 필요한 맷집이 이전보다 훨씬 강해졌다고 생각합니다.

내가 사업을 곧 다시 한다는 생각은 늘 하고 있었지만, 신 선생님과 금곡 선생님이 하신 격려의 말은 저에게 큰 힘이 되었습니다. 똑같은 일을 하더라도 자신감을 가지고 하는 것과 긴가민가 의심하면서 하는 일의 결과는 하늘과 땅의 차이입니다.

사회적 경계를 만드는 문화 자산

문화란 자연 상태를 벗어나 삶을 풍요롭고 아름답게 만들어 가고자 사회 구성원에 의해 습득, 공유, 전달되는 행동 및 생활 양식과 그 과정에서 만들어 내는 물질적, 정신적 산물을 말합니다. 여기에는 의식주를 비롯하여 언어, 풍습, 종교, 학문, 예술 및 각종 제도 등을 포함합니다.

문화는 고유한 인식 형식을 '경작'한다는 뜻입니다. 보수적인 문화권에서는 교양 시민의 표준이 매너, 관습, 태도와 암기로 익힌 여러 지식으로 대체될 수 없다고 합니다. 하지만 오늘날 세상은 복합적으로 변하고 있습니다. 세계를 변화의 관점에서 유연하게 생각하고 자신의 변화를 통해 바꿀 수 있습니다.

문화 자산은 내면화된 문화적 관점에서 보면 일상의 가치관, 지적 관심으로 표현할 수 있고, 문화를 통해 만들어졌거나 문화적 즐거움을 누리게 하는 수단으로는 책, 전자 매체,

악기, 스트리밍 서비스, 예술작품, 스포츠 장비 등이 있습니다.

인간 삶의 모든 영역에서 문화적 구별 짓기가 이루어집니다. 지식과 미적 감각을 몸에 익힌 최상층의 사람들이 한 걸음 앞서게 됩니다. 그 이유는 명망 있고 성공한 사람들이 문화 자산을 향유하기 때문입니다. 성공한 사람들이 갖는 우월감은 매너, 가치, 고급문화에 대한 감각을 통하여 드러납니다.

문화 자산은 어떤 자산보다 사회적 경계를 더 많이 만들고, 이 경계는 한 번의 도약으로 뛰어넘을 수 없습니다. 기업가 정신을 타고난 사람은 멘토와 결정권자를 매혹시킬 수 있지만, 상류층의 생활 양식을 익히고 경험한 사람만이 게임 규칙과 관습을 알아 그곳에서 자연스럽게 활동할 수 있습니다.

높이 올라갈수록 엄한 격식이 필요합니다. 격식은 모든 차원과 문화에서 결례 없이 품위 있게 행동하는 능력을 뜻합니다. 성공한 그룹 리그에서는 올바른 언행, 직위와 직책의 존중 등 격식을 갖춘 태도로 자신을 드러냅니다. 격식은 사회적 관계를 더 일상적이고 예측 가능하게 만드는 품격입니다. 격식은 훈련하면 조만간 드레스코드와 세련된 대화를 어느 정도 맞출 수 있습니다.

교양 있는 문화 자산은 가정에서 유아 때부터 익히고 배우는 것이 좋습니다. 이를테면 식사 매너, 학교, 마트, 버스, 전화 응대, 상대방의 눈 보며 말하기, 정확하게 발음하기, 이름 기억하기, 친절하기 등 끝이 없습니다. 정제된 일상생활에서 조만간 좋은 습관이 몸에 배게 되어 자연스럽게 새로운 품격이 생기게 됩니다.

최정상 리그에서 성공하려면 조용한 부, 눈에 띄지 않는 소비, 애써 과시하지 않음으로써 과시하기 이 3가지를 지키는 사람은 빛나지 않음으로써 빛이 나게 됩니다.

세련미를 이해하지 못하는 계급 상승자만이 화려한 초대장이나 유명한 로고를 이용해 성공한 사람들의 관심을 끌려고 애를 씁니다. 문화 자산이 많을수록 부유함이 덜 드러납니다.

새롭게 성공 반열에 올라온 사업가들은 밑에서 올라왔기 때문에 미숙한 사치를 하는 경우가 많습니다. 외제차, 고급 귀금속, 명품 가방에 많은 돈을 소비하는 것에서 그들이 갑작스럽고 힘겹게 이룩한 부에 아직 익숙하지 않았음을 보여줍니다.

생활 여건의 차이가 문화적 가치관의 차이를 만듭니다. 모든 사람은 자신의 생활 여건이 허락하고 요구하는 것에 맞게 생각하고 행동합니다. 그러나 성공하고 높이 오르고 싶으면 끊임없이 높은 곳의 코드를 이해하고 내면화해야 합니다.

문화 자산은 저절로 생기지 않습니다. 해야 할 과제는 많고 지켜야 하는 규칙은 감추어져 있습니다. 믿고 싶지 않겠지만 문화 형식과 공연 종류에 명확한 계급 구조가 있습니다. 책, 미술관, 공연에서 문화적 소양을 쌓을 수 있습니다. 최상층으로 높이 오를수록 약간의 교육 지식만으로는 부족하고, 고유하고 독특한 취향도 필요합니다. 새로운 것을 받아들이고, 진짜 자기 일을 진정성 있게 하는 능력이 곧 취향입니다.

돈보다 문화 자산이 사회적 환경에서 더 확실하게 선을 긋습니다. 문화에서 출신을 극복하는 데 3대가 필요하다고 합니다. 더 빨리 한 단계 높이 올라가려면 열린 마음으로 여행하고, 낯선 사람들과 만나고, 자아 성찰하고, 교육 내용에 너무 집중하지 말고 한 걸음 더 멀리 내디뎌야 합니다.

■ 장사장의 문화 자본

나는 사업을 시작하기 전에 논어 공부를 하다 우연히 서봉임 화백님을 만나 문인화를 공부했습니다. 뭔지 잘 모르고 시작했지만, 그냥 매력에 빠져들어 많은 밤을 지새우면서 작품 활동을 했습니다. 서봉 선생님 수하에 같이 공부하는 몇 명의 제자들이 있었으나 선생님과 같이 작품 전시회를 함께한 제자들은 얼마 되지 않습니다. 갑자기 사업을 시작하면서 더 이상

작품 활동을 하지 않지만, 글과 그림에 대한 기본 소양은 서봉 선생님으로부터 배우고 익힌 것 같습니다.

베네수엘라 카라카스 시내 가로등을 태양광으로 교체 공사 할 때 에피소드가 있습니다. 베네수엘라 파트너가 전력공사 사장 출신인데, 그림에 상당한 조예가 있는 분이었습니다. 그분의 소개로 카라카스 시내 화랑에서 미국에서도 활동한 저명한 화가의 대작 한 점을 구입했습니다.

작품이 너무 커 일반 차량으로 운반할 수 없어 화랑에서 별도 차량으로 공항까지 운반해 주었습니다. 공항에서 포장된 작품을 확인하지 못하고 한국에 돌아와 보니 다른 작품이 포장되어 있었습니다. 이런 사고가 날 걸 예상했다면 액자는 빼고 그림만 가지고 올 걸 하는 아쉬움이 있습니다. 중남미에서는 어디서나 늘 조심했는데 상류층과 거래하는 화랑에서조차 그렇게 속일지는 미처 예상하지 못했습니다.

중남미 대부분의 나라와 같이 베네수엘라 역시 회사 방문할 때나 식당에서 식사할 때 외국인은 늘 사설 경호원과 함께합니다. 서민들은 시내 중심부의 좁은 집에 살지만, 부자들과 지위가 높은 사람들은 게이트를 몇 개 통과하고 보안이 잘되는 높은 꼭대기에 살고 있습니다.

나는 외국에 나갈 때마다 시간이 나면 가끔 화랑에 들러 작

품 구경도 하고 작품도 사곤 합니다. 우리 사무실에 걸린 대작
도 중국에서 구입해 그림만 가져와 서울에서 표구한 작품입니
다.

수출하는 제품 디자인은 크게 2가지로 구분합니다. 국내에
서 인기 있는 유명한 브랜드 제품이나 베스트 셀러가 된 제품
의 경우는 디자인 변경 없이 그대로 수출합니다. 하지만 이런
제품은 수출에 관한 독점적 지위를 얻기가 어렵고 다수인과
경쟁이 불가피합니다. 그리고 제품의 지속적 공급도 보장되지
않습니다.

우리 회사에서 새로운 제품을 기획 생산하여 수출하는 경
우는 디자인이 아주 중요합니다. 보통의 경우 우리 회사에서
디자인 기본 컨셉을 잡아 바이어에게 보냅니다. 바이어는 보내
준 디자인 시안에 그 나라에 맞는 디자인과 컬러 등 세부 사
항을 수정해서 보내옵니다. 수정 시안을 몇 번 주고받아 최종
디자인을 확정합니다. 바이어가 컨펌한 디자인에 대하여 혹평
하는 한국 분들도 있지만 그건 난센스입니다. 수입하여 제품
을 마케팅하고 판매할 사람은 그 바이어입니다. 그 나라의 시
장과 고객은 바이어가 가장 잘 알고 있습니다.

나는 기본적으로 음악적 소질이 있다고 생각하지 않습니다.

내가 오랫동안 봉사했던 대치동, 도곡동 성당에는 교우 중에 세계적으로 유명한 음악가들도 많이 있었습니다. 참석해야 하는 음악회, 연주회가 많아 수시로 참석은 했으나 깊이 공부하지는 못했습니다.

　나이 들고 나서, 지휘자 하성호 선생님이 운영하는 음악 아카데미에 참여했으나 지금은 학위 논문 준비하느라 함께하지 못하고 쉬고 있습니다. 나는 해설을 곁들인 음악 공부 방식이 나에게는 잘 맞는다고 생각해 앞으로 계속 참여할 생각입니다.

　나는 해외에 나갈 때 비상 상황을 대비하여 공진단, 우황청심원과 수지침을 가지고 갑니다. 수지침은 애들 키울 때 응급시를 대비하여 배웠습니다. 한번은 베네수엘라 장관과 식사를 한 후 티타임을 갖던 중, 베트남 딘 회장이 내가 가지고 간 우황청심원 한 알을 그 장관에게 주었습니다. 우황청심원을 먹고 몇 분 지나자 그 장관이 땀을 흘리고 쓰러져 혼수상태가 되었습니다. 놀라 경황이 없었지만, 옷을 벗기고 옆에 있던 사람에게 손발을 주물러 마사지를 하게 하고 손발에 수지침을 놓았습니다. 그런 후 30여 분이 지나자 땀에 흠뻑 젖은 얼굴에 생기가 돌아왔습니다. 해외에서 애들이 급체나 열이 날 때 간단하게 치료해 주면 한국의 침술을 신기해 하고 나를 영검한 의사로 보기도 합니다.

나는 플라톤 아카데미와 서울대 도서관에서 주관하는 철학 아카데미에서 동서양 철학을 공부했습니다. 논어 등 동양학은 오래전부터 공부해 왔고 지금도 틈틈이 공부하고 있습니다. 철학은 사업 이전에 인간이 지켜야 할 기본과 초심을 잃지 않게 해주고, 삶이나 사업에 앞이 잘 보이지 않을 때 나를 돌아보고 새로운 길을 찾아가는 지혜를 깨우쳐 줍니다.

우리 집에는 5천여 권의 책이 있습니다. 식구들이 꼭 읽어야 한다며 추천하는 책 위주로 읽습니다. 최근에는 책 읽기가 능률이 오르지 않아, 주로 저자의 강의나 강연회 참석으로 대신하고 있습니다. 시간이 나는 대로 국내나 해외의 모임이나 강연회에 참여하여 끊임없는 배움으로 나의 문화 자산을 조금씩 키우고 있습니다.

급변하는 사회에서 살아남는 지식 자산

　지식 자산은 졸업장, 학위, 학술 및 기능 자격증 등 자신의 지식과 역량으로 어떤 일을 하는 능력을 뜻합니다. 사람들은 성공하려면 교육과 전문성이 제일 중요하다고 합니다. 그러나 최상층의 성공한 사업가 그룹으로 올라가려면 여기에 성격, 몸에 밴 분위기, 대담함, 올바른 사람들과의 친분과 최신 화제와 정보를 알아야 합니다.

　사업가로 성공하는 데는 학위나 전문 자격증이 꼭 필요하지는 않습니다. 동물적인 감각으로 낡은 기술을 가져와 세련되게 다듬어 몇 배의 가격으로 시장에 파는 사업가도 있습니다. 그들은 시장을 잘 알고 그 분야의 전문지식을 가지고 있습니다. 고객의 요구와 필요를 알아내고 그에 맞는 상품을 개발하여 최적의 가격으로 공급하는 사업가의 능력이 더 필요합니다.

　오늘날은 아무리 공부를 많이 해 지식이 많아도 네이버의 정보량을 따라잡을 수는 없습니다. 물론 미래에는 검색만으로 충분하지 않아 모두가 핵심 지식을 쌓을 것입니다. 하지만 머릿속 정보보다 정보를 기반으로 무엇을 만드느냐가 더 중요합니다. 현대는 지식에서 가치를 창조하는 것이 성공을 좌우합니다. 이를테면 지식을 실용적으로 활용하기, 창의적으로 연결하기, 최고의 능력으로 바꾸기 등입니다.

모든 형태의 지식은 소중한 자산이고 앞으로도 그럴 것입니다. 학위나 자격증과 그 실행 능력이 항상 지식과 돈으로 연결되지는 않습니다. 그러나 지식에서 자의식, 창의성과 실력이 자라고 지식이 많을수록 품격에 여유가 생깁니다.

논어의 학이편 첫 문장은 '子曰 學而時習之 不亦說乎?, 자왈 학이시습지 불역열호' '배우고 때로 익히니 어찌 기쁘지 아니한가?'로 시작합니다. 동양에서는 '學(학)'을 전통적인 공부로, '習(습)'을 실전적인 공부로 이해합니다. '학'은 학교에서 선생님이 가르쳐 주신 것을 외우는 것을 말합니다. '습'은 선생님의 가르침을 바탕으로 새로운 것을 익히고 깨우치는 것을 말합니다. 오늘날의 사업가에게는 새로운 것을 깨우치는 '습'이 더 절실하게 필요한 시대입니다.

이론적 지식을 쌓는 것이 첫 단계이고, 그다음은 지식이 능력이 될 때까지 부단히 연습해야 합니다. 능력을 계속 넓혀 나가는 사람은 학습한 것을 자신의 것으로 만들어 감으로써 전문가 품격에 익숙해집니다. 깊고 넓은 지식은 고상한 품격의 토대가 됩니다.

학위나 자격증이 명함이나 명패만 장식하는 것은 아닙니다. 실제 삶에서 졸업장은 더 빨리 도약할 가능성을 높여 줍니다. 교육에 투자된 기간과 비용은 인격을 풍성하게 하고 비즈니스 면에서 수익성이 높습니다. 대학 졸업은 탄탄한 직업 선택을 보장하는 것은 물론 문화 자산, 사회 자산과 더 좋은 인적 네트워크를 만들어 줍니다.

최정상에 있는 사람은 지식보다는 대화나 사고능력, 개방성 등 지식을 다루는 방식에 더 주의를 기울입니다. 상류층의 잘 관리된 품격은 역량을 깊고 넓게 확장합니다. 경영학에서는 이런 사람을 'T자형 인물'이라고 합니다. T자의 세로 기둥은 탄탄한 전문지식을, 가로 막대는 전문 분야와 맞닿아 있는 다른 분야에 대한 얕고 넓은 지식을 의미합니다. 이런 지식이 사람을 돋보이게 합니다. T 지식은 기본이며, TT 나아가 TTT 자형 인물로 발전합니다.

확장된 지식은 이중으로 가치가 있습니다. 시장 가치뿐 아니라 자신감도 높아집니다. 전문적인 깊은 지식에 다양하고 넓은 지식까지 갖춘다면 당신의 지식 자산은 훨씬 더 많은 수익을 낼 수 있습니다. 크로스 지식을 계발하려면 독서, 여행, 사람들 만나기, 질문하기, 트렌드 살피기 등 다양한 주제에 대해 열려 있어야 합니다. 크로스 지식을 갖춘 사람은 통합적으로 사고하여 타인이 흉내 낼 수 없는 독창적 아이디어를 고안해 냅니다.

성공한 사업가의 품격은 다릅니다. 예를 들어 최상층에 있는 부모는 대개 학교 성적에 관대하고, 자녀에게 그 밖에도 중요한 점이 있음을 알려줍니다. 전문지식도 중요하지만, 그보다 명확한 목표가 왜 필요한지, 어떤 분야가 유망한지, 어떤 태도가 존중을 받는지, 어떻게 권력자들과 관계를 맺는지, 경영 수업이 보수 높은 회사에 취업하는 것보다 왜 중요한지, 지도자가 되는 법을 알아두는 것이 더 중요하다는 것을 알려줍니다.
기업은 다양하고 복합적인 조직입니다. 전체를 파악하기까지 많은 시간이 걸리고, 세부적인 사항을 빠뜨릴 위험도 있습니다. 이때는 이론적 전문지식도 중요하지만, 암묵적 규칙과 행간을 읽어내는 주의력이 더 필요할 수도 있습니다. 누구에게 권력이 있는가, 시장 상황은 어떠한가, 누가 누구와 친한가, 여론 선도자는 누구인가와 현재 진행 중인 프로젝트의 실체가 더 중요할 수도 있습니다.

■ 장사장의 지식 자산

오늘날 사업가는 평생 공부해야 하는 시대에 살고 있습니다. 대학을 졸업했다고 공부가 끝나는 것은 아닙니다. 새로운 전문 분야를 따라잡기 위해 계속 공부해야 합니다. 공부만큼 솔직한 것이 없습니다. 열심히 한 공부는 늘 좋은 결과로 이어지고, 위기에는 더 힘을 발휘합니다.

나는 엉겁결에 창업하여 사장이 되었지만, 기업 경영에 필요한 기술과 관리, 사업가의 자질에서 부족함을 자각하고 늘 배움의 기회를 찾아 참여했습니다.

내가 처음 공부한 것이 '논어'였습니다. 사업이란 게 하다 보면 좀 잘될 때도 있고, 마음대로 되지 않을 때도 있습니다. 어려운 삶의 고비에서 초심을 잃지 않고 늘 깨어 바르게 생각하고 행하는 지침으로 삼고 있습니다.

자동차부품 수출을 시작하고, 해외 바이어와 협상을 하면서 새로운 돌파구가 필요해 공부한 곳이 데일 카네기 최고경영자과정이었습니다. 이때만 해도 여성 기업 대표가 많지는 않았습니다. 나는 여러 사람 앞에서 발표하거나 협상해 본 경험이 없어 해외 비즈니스가 힘들었습니다. 이 과정을 통하여 외국인에 대한 두려움을 없애고 낯선 사람과 협상하는 법을 배워 도움을 많이 받았습니다.

중국 비즈니스를 시작했으나, 중국어도 모르고 중국 비즈니스에 대하여 아는 것이 없었습니다. 이때 고민하다 대학교 중국통상학과에 등록하여 무역 업무와 중국어 공부를 했습니다. 그때 지인이 소개해 준 중국어 과외 선생님이 아주 열정적으로 지도해 준 덕분에 지금도 가벼운 중국어는 할 수 있습니다. 당시 실제 무역 비즈니스를 하고 있었기에 배운 이론을 실무에 바로 적용할 수 있었습니다. 지금 내가 알고 있는 무역 업무에 대한 대부분의 지식은 그때 배운 것입니다.

이란 비즈니스 실패 후 몸과 마음이 지쳐, 앞으로 비즈니스를 어떻게 해야 하는지 고민하다 찾아간 곳이 가톨릭대학 심리학 공부였습니다. 이때는 정신적으로 힘이 들어 심리적 안정이 필요한 시점이었는데 심리학 공부로 안정을 찾을 수 있었습니다. 이를 계기로 플라톤 아카데미와 서울대 도서관에서 동서양의 철학 공부를 했습니다.

중국과 비즈니스를 하던 많은 무역 업체가 베트남으로 옮겨와 경쟁이 더욱 치열해졌습니다. 회사의 매출과 규모가 커졌으나 경쟁은 더 치열해져 현재의 시스템으로는 안 되겠다고 생각을 했습니다. 이때 타 무역 업체와 차별화 및 경쟁력 제고를 위하여 검토한 것이 베트남 현지법인 설립 및 드림 자체 베트남 물류시스템 구축이었습니다. 베트남 현지법인 설립은 큰 어려움 없이 목적에 따라 법인을 설립했습니다.

물류시스템 구축은 내가 아는 지식이 없어 여러 전문가에게 상담을 받았습니다. 몇 차례 상담을 받아본 결과 베트남 시장에서 물류시스템을 구축하려면 체계적인 공부가 필요하다고 판단되어 대학원 공부를 시작했습니다. 연세대학교 대학원에서 경영학을 공부하는 동안 많은 어려움이 있었지만, 나를 현실 안주에서 벗어나게 하고 새로운 세계로 나가게 하는 보람된 시간이었습니다. 젊은이들과 함께 하는 공부는 쉽지 않았지만 재미있었습니다.

하지만 마지막 논문 학기에 힘든 고비가 있었습니다. 논문 지도교수님과 의논하고 논문 초안을 작성하여 지도교수님과 첫 논문지도 미팅을 하던 날, 교수님은 내가 작성해 간 초안에 사인 해줄 테니 논문 쓰지 말고 그냥 종합보고서로 하는 것은 어떻습니까? 하고 제안했습니다.

지도 교수님 말씀에 아무 말 없이 한참 있다 "교수님, 보완하겠습니다."하고 대답했습니다. 조금 시간이 흐른 후 교수님이 다음 논문지도 미팅 일시를 정해 주셨고, 7번째 논문지도를 받는 날 최종 사인을 받았습니다. 남편에게 이 이야기를 했더니 웃으며 "자기 같으면 세 번째 날에 "알았습니다." 하고 끝냈을 거라고 했습니다. 하지만 나는 속으로 "사업하는 사람이 포기라는 게 어디 있어. 성공할 때까지 하는 거지."라고 생각했습니다. 석사학위 수여 3일 전에 교학처에서 최우수논문상 수상자로 선정되었다는 통보를 받고, 졸업식에서 최우수논문상을 수여 받았습니다.

인도와 카타르 비즈니스를 준비하면서 내가 가진 정보와 마케팅에 대한 한계를 알게 되었습니다. 그 분야의 전문가와 교수님들을 만나면서 공부를 더 해야 할 필요를 느끼고 경영학 박사과정 공부를 시작하게 되었습니다.

또 글로벌마케팅컨설팅협회, 한베경제문화협회와 한국상품협회에 가입하여 활동하고 있으며 내가 경험한 해외 비즈니스에 대하여 참여하는 회원들에게 강의하면서 나누고 있습니다.

데일 카네기 최고경영자과정, 연세대학교 AMP 최고위과정, 연세대학교 글로벌유통·마케팅 최고위과정, 고려대학교 법학전문대학원 KNA 최고위과정, 한중최고위지도자 아카데미 과정을 수료하고, 여러 학회에서 부족한 지식 자산 확장을 위해 공부하고 있습니다.

삶의 유연성을 가져오는 경제 자산

　경제 자산은 돈, 주식, 부동산, 기업 자산, 보석류, 금, 예술 작품 등과 같은 물질 재산과 추후 예상되는 노령연금, 국민연금, 생명보험, 상속 등을 포함하여 경제적으로 자신을 다른 사람과 구별하는 자산을 말합니다.

　"돈이 행복을 만들지 않는다."라고 사람들은 말합니다. 이 말은 바르게 표현하면 "돈만으로는 행복을 만들 수 없다"라고 할 수 있습니다. 독일의 문학비평가 마르셀 라이히라니츠키는 "돈만으로는 행복을 만들 수 없다. 하지만 지하철에서 우는 것보다는 택시에서 우는 게 더 낫다."라고 재치있게 표현했습니다.

　2,160년 전 한(漢)나라의 태사공 사마천은 '사기(史記)'에서 돈의 가치를 짧은 문장으로 명쾌하게 말하고 있습니다.

　凡編戶之民 富相什則卑下之 伯則畏憚之 千則役 萬則僕 物之理也(범편호지민 부상십칙비하지 백칙외탄지 천칙역 만칙복 물지리야)

　무릇 세인은 다른 사람이 자신보다 열 배 부유하면 헐뜯고,

백 배가 되면 두려워하고, 천 배가 되면 그의 일을 해주고, 만 배가 되면 그의 머슴 노릇을 한다. 이것이 사물의 이치다.

사람들의 행복은 돈보다 더 중요한, 늘 지지해 주는 사람들과 건강, 의미 있는 삶이 있다고 말합니다. 관계, 건강, 의미 이 세 가지 행복 레시피는 사람에 따라 양이 다를 수 있지만 한 가지가 다른 하나를 완전히 대체하지 못합니다. 이 세 가지가 조화롭게 어울릴 때 진정한 삶의 가치를 느낄 수 있습니다.

사람에 따라 부를 다르게 표현할 수 있지만, 돈은 행복과 관련이 있습니다. 자신의 재정 상태를 어떻게 가늠하고, 가진 재산으로 무엇을 할 수 있고, 다른 사람보다 얼마나 더 많은 돈을 가졌는지는 행복에 영향을 미칩니다. 억만장자에겐 돈이 최고의 기쁨이 아닐 수 있으나, 기아와 영양실조에 처한 사람들에겐 돈은 안전이고 행복 그 자체일 수도 있습니다.

돈은 단지 욕구를 채워주는 수단에서 끝나지 않습니다. 돈은 성공, 명성, 성과의 척도이기도 합니다. 부르마블 게임처럼 경제 자산이 경기력을 결정합니다. 경제 자산을 많이 가진 사람이 더 나은 지위를 포함해 모든 면에서 더 나은 패를 손에 쥐게 됩니다. 가난한 사람은 생계유지에 돈을 쓰지만 부유한 사람은 교육, 건강, 미용, 권리, 편의에 투자합니다.

부자들이 가장 중요하게 생각하는 돈의 장점은 자유입니다. 사회학자 라이너 치텔만은 그의 연구논문 "돈은 당신에게 무엇을 의미합니까?"에서 요약한 결론은 자유, 아이디어 실현 가능성, 안전, 이 세 가지였습니다.

돈이 주는 자유는 감정에 긍정적 영향을 미칠 뿐만 아니라 품격 형성에도 큰 영향을 미칩니다. 자유로운 시간 재량권은 사고와 행동을 바꿀 수 있습니다. 어느 정도 재정적 완충재를 가진 사람에게 노동은 선택의 문제입니다. 어느 정도 재산이 있으면 자신을 굽히지 않아도 되고, 다른 것들의 영향을 받지 않아도 됩니다. 그리고 돈이 없으면 엄두 내지 못할 일을 실행할 수 있습니다.

경제 자산은 삶을 어떻게 살 것인가에 따라 방향이 다를 수 있습니다. 경제 자산의 축적을 가장 중요한 목표로 할 것인지? 아니면 멋진 인생을 맘껏 누리는 것을 목표로 할 것인지에 따라 달라집니다. 높은 품격을 갖춘 삶을 누리면서 동시에 경제 자산을 보존하는 두 가지 모두를 가질 수 있는 사람은 슈퍼리치 뿐입니다.

그 외 모든 사람은 자산 증식과 다른 자산 확장 사이에서 균형을 잡아야 합니다. 각 자산 유형의 비율을 어떻게 구성할지는 각자가 결정하고 책임져야 합니다.

돈이 사람을 아름답게 합니다. 돈이 사람을 영리하게 하고, 교양 있게 하고, 다양한 경험을 쌓게 하고, 좋은 관계를 만들어 줍니다. 돈으로 이런 효과를 얻으려면 나머지 여섯 가지 자산 확장에 투자해야 합니다.

넉넉한 통장 잔고는 심리 자산을 강화하고, 추가 교육에 투자된 돈은 지식 자산을 늘려주고, 독서, 전시회 관람, 여행에 투자한 돈은 문화 자산이 늘어나고, 초대하거나 초대에 응하면 사회 자산이 늘어나고, 멋진 옷을 사거나, 아름다운 휴양지에서 여가를 즐기면 경제 자산이 신체 자산으로 바뀌게 됩니다.

경제 자산이 많으면 삶에 유연성이 높아집니다. 경제 자산은 나머지 여섯 자산과 쉽게 바꿀 수 있습니다. 예를 들면 문화 생활, 벽에 걸린 예술품, 졸업장과 자격증, 주름 없는 얼굴, 스포츠, 정 관계 진출 등 그 가능성은 무궁무진합니다.

■ 장사장의 경제 자산

경제적으로 바닥을 보지 않은 자는 돈의 귀중함을 잘 알지 못합니다. 나는 이란 비즈니스가 잘못되어 하루 몇천 원으로 도서관에서 공부하고 성당에서 기도로 보낸 적이 있습니다. 성당 기도원 철야기도에 참석하면 무료로 식사를 할 수 있었습니다. 그때 "제가 다시 사업해서 성공하면 주신 것 백 배로

갚겠습니다." 하고 기도했습니다. 그 후 3년이 지나 약속대로 그 기도원에 음료수 1트럭으로 약속을 지키고 감사의 기도를 올렸습니다.

이란의 에어컨 가스 플랜트 사업에 내가 가진 재산 전부를 투자했으나, 2006년 미국과 이란의 관계 악화로 사업을 더 진행할 수 없게 되었습니다.

그로 인하여 집과 빌딩이 다 넘어가고 반지하 월셋집으로 이사했습니다. 고시 공부하던 딸은 하던 공부를 그만두고 교육 관련 회사로 취업했습니다. 그 후 자신이 모아둔 현금과 은행에서 융자받은 돈으로 저에게 다시 사업할 수 있는 자금을 마련해 주었습니다.

나는 딸이 준비해 준 사업자금으로 빠르게 다시 일어설 수 있었습니다. 그 후 사업에 자리가 잡히자, 딸은 자신의 전공을 살려 화장품 회사를 창업하고 수출 500만불탑을 수상했습니다. 지금은 기업을 경영하면서 뷰티 석·박사 과정을 공부하고 대학에서 후학을 지도하고 있습니다.

아들은 다양한 경험을 쌓고 드림 베트남 지사에서 근무하다 중지했던 학업을 다시 시작했습니다. 한국에서의 대학 학점을 인정받아 2학년으로 입학할 수 있었으나, 베트남어를 기초부터 배우기 위해 호치민대학 1학년에 입학하여 4년의 과정을 마치고 졸업했습니다. 현재는 현지법인 드림비나 대표를 맡아 경영에 매진하고 있습니다. 물론 우리 가족 모두가 열심히 한 덕분이기도 하지만, 경제적으로 자립하지 못했다면 불가능했을 일입니다.

나는 경제적으로 큰 어려움을 겪어봤기에 경제 자산의 소중함을 누구보다 잘 알고 있습니다. 그리고 내가 어려운 이웃을 볼 수 있는 안목도 가질 수 있게 되었습니다. 국내에서 최근 5년 동안 청소년 자립 단체 등에 수억 원을 기부했습니다. 현재는 법무부 청소년 갱생 프로젝트에 정기 기부를 하면서 법무부 보호위원으로 봉사하고 있습니다.

베트남 현지법인 '드림비나'에서도 최근 오지 학교와 보육원의 불우한 학생들을 위하여 현물 및 현금으로 수억 원을 기부했습니다.

 국내는 본사 사옥 및 창고를 확보하여 운영하고 있습니다. 베트남 현지법인 '드림비나'에서는 몇 개 지역에 창고를 확보하고 현지 물류 사업을 진행하고 있습니다. 경제적으로 안정이 되면서 국내 조달 및 해외 바이어 개척에도 자신을 가지고 사업을 확장하고 있습니다.

 안정된 경제 자산으로 나는 물론 딸과 아들도 학업을 계속하여 지식 자산을 확충할 수 있었습니다. 또 그동안 소홀히 했던 신체 자산에도 투자하여 건강하고 활기차게 비즈니스를 하고 있습니다. 다양한 사회 활동으로 사회 자산에 투자할 수 있는 것도 경제적 안정이 있기에 가능한 일입니다.

몸뚱어리 전부가 재산이라는 신체 자산

신체 자산은 건강, 외모, 체력과 같은 생물학적 특성과 신체적 의식, 정신적 태도, 신분 상승할 때 신체의 실용적 가치 등을 종합한 것을 말합니다. 스스로 얼마나 매력적이고 건강하고 활기 있다고 느끼는지에 대한 판단으로 사람들은 외형에서 사회적 지위와 내적 가치를 가늠합니다.

우리는 몸을 단지 껍데기로 취급하지 않습니다. 오늘날 우리가 꾸미고 연출하는 이유는 우리 안에 들어있는 자신의 내면을 세상에 알리기 위해서입니다.

인생은 외모가 출중한 사람에게 유리한 게임입니다. 우리가 동의하든 안 하든 몸은 못된 고자질쟁이입니다. 신체에는 우리가 누구이고, 어디에서 왔고, 현재 어떻게 지내는지 다 적혀 있습니다. 신체를 보면 자기 자신과 잘 지내는지, 돈과 취향, 권력이 얼마나 있는지 짐작할 수 있습니다.

신체 자산은 주름, 몸짓, 말투, 억양, 발음, 버릇 등 우리가 나타내는 모든 것이 기록된 몸의 역사입니다. 우리의 사회적 지위는 우리의 몸에 저절로 새겨집니다. 신체는 우리의 삶과 성장 배경을 명품, 펜트하우스, 포르셰보다 더 명확하게 드러내 보여줍니다. 우리가 만나는 사람들은 말하지 않아도 이런 몸의 신호를 이용하여 우리가 어떤 사람인지를 판단합니다.

외모가 잘생긴 사람은 신체 자산 덕에 늘 존경과 찬사 속에 인생을 순항합니다. 외모가 출중한 사람은 원하는 직장에 더 빨리 취업하고, 원하는 배우자를 선택하고, 사람들을 자신의 편으로 만들고, 같은 실력을 가진 동료보다 더 높은 임금을 받습니다. 상장기업에 건강하고 잘생긴 최고경영자가 취임하면 주가가 오르고, 선거에서도 후보자의 외모가 선거 당락에 영향을 미치기도 합니다. 심지어 법정에서도 잘생긴 사람이 기본적으로 유리합니다.

비즈니스의 드레스코드는 점점 더 복잡 미묘해지고, 시대정신을 더 많이 반영하고 주변 환경에 영향을 많이 받습니다. 상류층의 스타일이 따로 있는 것이 아니고, 의상은 자신의 개성을 잘 표현해야 합니다. 스타일은 말하지 않고도 자신이 누구인지 말하는 방식입니다.

금융, 법, 컨설팅 같은 고전적 비즈니스 분야는 예나 지금이나 정장 차림이 기본입니다. 그 외 직종에는 일반적으로 적용되는 유일한 복장은 없고, 주어진 상황, 기업의 문화와 관례, 지위, 역할에 맞는 의상이면 됩니다.

한 달에 얼마를 의상비에 지출할 수 있느냐와 관계없이 자신이 어떤 것을 좋아하는지가 의상에서 드러납니다. 기본적으로 의상은 개인의 역량과 차별성, 소속감을 나타내면서 자신의 마음에 들어야 하고, 자신의 체형, 나이, 직책과 업무에 어울려야 합니다.

의상은 보는 사람에게만 효과를 나타내는 게 아니고 옷을 입은 자신에게도 영향을 줍니다. 회의나 강연 때, 옷을 제대로 갖춰 입으면 든든하게 무장한 기분으로 자신감이 배가 되고 성공적인 비즈니스를 할 수 있습니다.

신체 자산은 과시와 지위 상징은 필요하지 않습니다. 신체 자산이 넉넉한 사람은 자연스럽게 부와 성공이 느껴집니다. 자신이 꿈꾸는 목표를 성취하고 그 지위에 도달하면 신체에서 안정감이 발산되고 성공의 품격이 저절로 드러납니다. 더 큰 성공이 이루어질수록 행동이 자연스러워지고, 더 편안해 보이며, 사회적 상승을 위한 신체적 어색함이 줄어들게 됩니다. 몸매, 걸음걸이, 미소, 몸짓 언어와 시선에 미묘한 차이가 생기게 됩니다.

성공한 사업가는 각자가 자신의 건강을 관리해야 한다고 생각합니다. 어떤 사람들은 건강을 선천적으로 타고난 것이라 말하고, 외모와 건강은 유전자와 관련이 크다고 합니다. 하지만 최근 과학자들은 그것이 오류였음을 밝히고 특정 유전자를 활성화하거나 비활성화하는 환경이 가장 중요한 요인이라고 발표했습니다. 이를 연구하는 학문인 후성유전학에서는 세포 바깥에서 유전자를 조절하는 것, 더 정확히는 DNA 염기서열 변화 없이 유전자 기능의 변화가 가능하다고 합니다.

건강한 생활 습관은 특정 계층만이 누릴 수 있는 특권이 아닙니다. 설탕, 담배, 술, 탄산음료 섭취를 줄이고 야채와 물을 많이 섭취하고 운동하는 시간을 늘이면 누구나 건강할 수 있습니다. 여기에는 큰 비용이 들지 않습니다. 문제는 비용이 아니라 건강한 생활 습관입니다. 이에 대한 투자는 우리 모두에게 필요하고, 이를 실행한 사람만이 일생에 도움이 되는 신체 자산을 얻을 수 있습니다.

■ 장사장의 신체 자산

중소기업체 사장의 신체 자산은 기업 경영은 물론 기업의 운명과 직결됩니다. 사장의 신체 자산은 조직관리 및 조달과 같은 회사 내 업무는 물론 마케팅과 영업 같은 외부 업무에도 미치는 영향이 크기 때문입니다.

나는 본래 성격이 느긋한 편으로 스트레스를 잘 안 받는 스타일이고, 설혹 좋지 않은 감정이 생겨도 오래 담아 두지 않고 가급적 빨리 잊으려고 노력합니다.

우리 집안 남자 형제들은 아버지를 닮아 다들 키가 크고 건강하고 좋은 신체 자산을 가지고 있습니다. 하지만 언니와 나는 큰 키는 아니지만 건강한 체격을 물려받았습니다. 나는 느긋한 성격으로 특별히 가리는 것이 없이, 세계 어디에서든 잘 먹고 누구와도 잘 어울리는 장점이 있습니다.

특별히 조찬 미팅이 없는 날은 아침 일찍 헬스장에 가 운동을 합니다. 사람들과 만나 이야기하는 걸 좋아해 헬스장에 가서도 잘 어울리고 재미있게 시간을 보냅니다. 헬스장에 가면 운동으로 체력 단련도 되고 세면 등 시간 절약도 되어 이중의 이익이 있습니다. 아침 운동 끝나는 대로 사무실에 출근해 녹차 한 잔하고 하루를 시작합니다.

외부 다른 점심 약속이 없으면, 사무실에서 직원들과 같이 식사를 합니다. 사무실 부근에 마땅하게 식사할 만한 식당이 없어 한식을 잘하는 분에게 부탁해 사무실에 배달시키고, 사무실에서 키우는 야채를 곁들여 직원들과 함께합니다.

주로 저녁 늦게까지 다양한 미팅을 하다 집에 돌아오면 몸이 지치는 경우가 많습니다. 그래서 집에 돌아오는 대로 숙면을 합니다. 충분한 수면이 저의 건강을 지키는 비법 중 하나입니다.

해외 출장으로 비행기 탈 일이 많습니다. 몸 상태 조절을 위해 가급적 비즈니스석을 이용하여 편안한 여행을 합니다. 5시간 정도의 비행할 경우 중간 식사는 내리기 전에 준비해 달라고 승무원에게 부탁하고 비행기 좌석에 앉는 대로 와인 한 잔 마시고 그냥 잡니다. 열 시간 정도의 비행 일정일 경우도 중간 식사 후 바로 잠을 자는 편이고 세계 어디에서든 시차 적응에는 별 어려움이 없습니다.

젊은 시절부터 해온 운동은 등산, 자전거 타기, 수영, 헬스, 골프가 있습니다. 하지만 지금은 등산, 헬스와 골프로 건강관리를 하고 있습니다. 헬스는 나이가 들고 체중이 늘어나, 자세 틀어짐을 방지하기 위해 개인 지도를 받습니다. 예전에 등산은 유명하고 높은 산을 즐겨 자주 갔지만, 요즘은 집 앞에 있는 남산에 자주 갑니다. 골프는 잘하기보다는 좋은 사람들 만나 즐기는 것과 비즈니스를 위한 골프를 하고 있습니다. 젊어서부터 여러 가지 운동을 해봤으나 늘 시간에 쫓기다 보니 집이나 직장 가까운 곳에서 할 수 있는 운동이 제일 좋은 운동 종목이라 생각합니다.

의상은 특별히 명품을 선호하지는 않습니다. 국내에서도 특별히 선호하는 디자이너의 작품보다는 어디든 내가 좋아하는 스타일이 있으면 그때그때 구입하거나 맞추어 입습니다. 외국에서도 바이어들과 어울려 쇼핑하러 가 마음에 드는 옷이 있으면 현지에서도 잘 구입합니다.

건강식품은 우리 회사에서 만든 제품을 애용합니다. 적송은 피곤할 때나, 목이 아프거나 입 안 염증에, 머리가 아프거나 감기 기운이 있을 때 먹고 바릅니다. 공진단은 한국에 있을 때나 외국에 나갈 때나 늘 가까이 두고 먹습니다. 우리 회사에서 만드는 제품은 사무실에 두고 직원 누구나 언제나 먹을 수 있게 해 두고 나도 생각나면 먹습니다.

국내든 해외에서든 특별히 가리는 음식은 없습니다. 중국,

베트남과 같은 동양 음식이나 미국이나 유럽의 양식, 중동과 중남미 음식 등 세계 어느 나라 음식도 가리지 않고 잘 먹습니다. 그래서 어느 나라를 가더라도 한국 식당을 찾지 않고 대부분 현지인 식당을 이용합니다.

말 한마디에 천 냥 빚을 갚는 언어 자산

언어 자산은 유창한 언변으로 사람들에게 다가가고 다양한 관점에서 구체적이고 객관적으로 주제를 설명할 수 있는 능력을 말합니다. 이를 통하여 자신이 가진 언어 자산과 표현 형식, 소통 및 사회적 역량을 드러내 보입니다. 또 언어는 말하는 사람의 교육 수준과 출신, 사회적 지위를 그대로 나타냅니다.

언어 자산은 타고나면서 특정인에게 주어진 특권이 아니고, 누구든지 관심과 적절한 학습으로 교양 있는 발음, 말투, 주장, 발표 그리고 품위 있는 표현 방식을 배우고 익힐 수 있습니다. 또 대화 상대에게 더 관심을 기울이고, 말 줄임을 없애고, 더 이해하려 노력하고, 더 재미있게 표현하며, 문법에 맞게 글을 쓰고, 더 정확하게 이야기하면 자신이 하고 싶은 말을 잘 전달할 수 있습니다.

자신이 사용하는 언어가 자신의 지위를 드러냅니다. 품격 있는 언어 사용에는 명료한 단어와 단순한 문장을 쓰고, 복합문이나 수동태를 거의 쓰지 않으면 내용을 명확하게 전달할 수 있습니다. 이때 높은 언어 품격을 위하여 웅얼거리는 발음, 줄임 말, 모호한 지칭, 부족하거나 진부한 형용사 사용, 비하 용어 남용, 길고 장황한 설명, 문법적 오류는 피해야 합니다.

최정상으로 도약하고 싶다면 무엇이 수용될 만한지 알아차리는 감각을 갈고 닦을 필요가 있습니다. 최상층에서는 전문 지식의 가치가 덜 중요하므로, 가급적 업무 얘기를 적게 하는 것이 좋습니다. 사회계층의 꼭대기에서는 전문 역량보다는 조직과 전체를 보는 안목이 훨씬 더 중요합니다.

높이 올라간 뒤에는 대화할 때 조금 물러나 있기를 권합니다. 최상층에서는 성공을 굳이 말로 표현하지 않아도 됩니다. 우리는 사용하는 물건을 보고 그 사람의 취향과 사회적 계급을 쉽게 알 수 있습니다. 그저 당신의 입이 무겁다는 신호를 보내고 사소한 것도 주의하여 경솔하게 하지 마십시오.

성공한 사업가는 무례함에 흔들리지 않고 비판적 상황에서도 품격을 유지함으로써 자신을 돋보이게 합니다. 목표는 더 중요한 주제를 잊어버리지 않도록 대화를 구성하는 것입니다. 자신의 지위를 불안해하지 않고 오직 중심 주제에만 집중한다면 이런 목표는 쉽게 이룰 수 있습니다. 진정한 리더는 단호하고 명확하게 그리고 결과 지향적으로 말합니다. 리더는 상황을 종합적으로 분석하고 현실을 직시하고 영향을 미칠 수 있는 일에 집중합니다.

사업 파트너와의 식사 자리 혹은 협상에서 원활한 대화는 꼭 필요합니다. 먼저 공통 주제로 시작하고, 새로운 것, 낯선 것에는 열려 있는 모습을 보여야 합니다. 자신의 관심사만 얘기하고 상대방을 가르치려 해서는 안 됩니다. 아무리 늦어도 60초에, 아니면 더 일찍 대화의 주도권을 상대방에게 넘겨야 합니다. 쉽게 대화가 오고 가는 것이 중요합니다.

최정상 리그에서 가장 선호되는 대화 주제는 가족, 문화, 미래, 지역, 봉사활동, 스포츠 등으로 사회생활의 기본이 되는 요소들입니다. 이런 주제의 대화에서 상대방이 자신과 코드가 맞는 사람인지를 탐색합니다. 그러므로 표현 방식, 관심 분야, 미디어 소비를 당신이 오르고자 하는 수준에 의식적으로 맞추어야 합니다. 사회적 소속은 속일 수 없기에 격에 맞는 대화를 원한다면 어떤 언어, 주제, 의견이 계급을 구별하고 공통점을 만들어 내는지 알아내는 감각을 키워야 합니다.

성공한 사업가들은 자연스러운 소통 방식으로 자신의 지위를 알립니다. 그들은 어휘 선택과 발음, 말하는 속도와 시간에서 원하는 만큼의 공간을 확보합니다. 어휘를 신중하게 선택하고 절제된 언어를 사용함으로써 언어 품격 역량을 강조하고 상대방에게 신뢰를 줍니다.

언어는 의사소통의 내용을 교환하는 수단에 그치지 아니하고, 언제나 부와 사회적 지위 그리고 권력을 드러냅니다. 지위가 높을수록 어휘를 엄선해서 사용하고 같은 계층 간에는 더 정교한 언어를 씁니다.

우리는 언어 품격을 정교하게 다듬을 수 있습니다. 언어 자산을 위하여 시간과 노력을 투자할 준비가 되어있으면 극복하고 높이 올라갈 수 있습니다. 독서는 단조로운 표현을 다듬어 줍니다. 독서의 질에 따라 언어 발달의 중요한 기반을 구축할 수 있습니다. 언어는 사용할수록 성장합니다.

■ 장사장의 언어 자산

우리는 텔레비전 방송에서 말을 유려하게 잘하는 아나운서나 토크쇼에서 출연자들과 재미있고 노련하게 대화를 끌어가는 진행자들을 자주 볼 수 있습니다. 언어의 기술자들인 그들로부터 배우기도 하지만, 우리는 일상의 삶에서 만나는 다양한 사람들로부터 품격 있는 언어를 배우고 익힐 수 있습니다.

또 비즈니스 현장에서도 자신이 가지고 있는 언어 자산을 이용하여 협상하고 기업을 경영합니다.

비즈니스에서 사용하는 언어는 만나는 상대와 목적과 위치가 서로 다른 입장이고, 협상에서 합의를 만들어 내어야 하므로 더 정교한 언어 사용이 필요합니다.

내가 수출 업무를 시작하고 처음 외국인을 상대로 비즈니스를 시작했을 때, 어떻게 말을 하고 협상해야 하는지 많이 고민했습니다. 더구나 외국어가 서투르다 보니 그 긴장감은 몇 배로 커졌습니다. 협상과 대화하는 방법을 배우는 곳을 찾던 중 어느 선배로부터 데일 카네기 최고경영자과정을 소개받아 등록하고 공부했습니다.

기본 교재는 『카네기 인간관계론』과 『카네기 성공 대화론』이었습니다.

여러 가지 커리큘럼이 있었지만 가장 기억에 남는 것은 여러 사람 앞에서 발표하는 '1분 스피치'와 '3분 스피치'입니다. 처음에는 다른 사람 앞에서 발표하는 것 자체가 어색했습니다. 준비한 원고를 완벽하게 외워도 제 발표할 차례가 되면 머리가 멍해져 아무것도 생각나지 않았습니다.

강의 내용 중 "상대의 말을 잘 경청하는 것이 말을 잘하는 지름길이다. 비비불, 비난하지 말고, 비평하지 말고, 불평하지 마라."는 지금도 기억하고 있습니다.

쉽지 않은 과정이었지만, 몇 개월의 과정을 마치고 보니 두려움은 조금 줄어들었습니다.

다른 사람들 앞에서 발표하고 말하기는 성당 전례단 활동을 하면서 많이 배운 것 같습니다. 신입 단원들이 들어오면 차례로 돌아가면서 발표하고 합평과 지도받는 과정이 있었습니다. 이때 아나운서나 각 분야 전문가 출신 단원들이 발표자에게 적절한 코칭을 해줍니다.

그때 배운 것은 '발음, 발성은 훈련하고 연습하면 된다. 자신감을 가지고 힘있게 말하라. 무대에 오를 때는 최고의 컨디션으로 오르고 분위기에 맞는 옷을 입어라, 그러면 보는 사람도 좋고 발표자도 자신감이 생긴다.' 등입니다.

이 과정을 통해서 발표와 단상 공포증을 극복할 수 있었습니다. 그 후 단상 위에 올라가면 앞에 앉아 있는 사람들이 보이고 자신감이 조금씩 늘었습니다.

고려대학교 법학전문대학원 KNA 최고위전문가 과정에서는 언제 어디서든 스피치와 발표하는 배짱을 익힐 수 있었습니다. 고려대학교는 예나 지금이나 막걸리 타임을 통한 친목 도모 미팅이 자주 있습니다. 모임에서 누가 먼저라 할 것 없이 늘 스피치를 해야 했습니다. 이런 모임에 자주 참석하다 보니 어떤 모임이고 미리 준비하는 습관이 갖게 되었습니다. 처음에는 자연스럽지 않았지만 다른 사람들이 하는 것을 보고 배워서 자신도 모르게 조금씩 발표와 대화 기술이 늘어났습니다.

최근 협회 회원이 운영하는 스피치학원에 등록을 하고 훈련을 받은 적이 있습니다. 젊은 스피치 강사가 최선을 다해 열심히 가르쳐 주었으나 나하고는 잘 맞지 않는 것 같아 계속 공부하지는 않았습니다. 나는 봉사 단체나 기업의 경영자들과 실제 만나 협상하고 대화하는 실전 경험이 저의 언어 자산 확충에 더 도움이 되었다고 생각합니다.

베트남에서는 구정이 큰 명절이라 1주일은 공식적인 휴무일이고 대부분 회사는 10일 정도 정상적 업무를 하지 않습니다. 우리 회사 현지법인 드림비나에서는 매년 구정 5일 전쯤 호텔에서 전 가족을 동반하여 우수 사원 표창을 하는 종무식을 합니다. 회장님이 꼭 참석해야 한다고 해, 올해도 이 종무식에 참석했습니다. 직원들 대부분이 이삼십대 젊은이들이고 모든 행사를 전문 이벤트 회사에서 기획하여 가수를 초청하고 재미있게 합니다. 요즘은 이런 자리에서 분위기에 맞추어 회장님 인사 말씀을 즐기면서 할 수 있습니다.

또 사회 활동이 늘어나고 인사말이나 발표할 기회가 많아졌습니다. 지금은 어디 어떤 모임이든 주어진 상황과 분위기에 맞추어 자연스럽게 발표하고 있습니다.

행복과 성공으로 가는 길 사회 자산

누구와 어울리는가? 누구를 아는가? 개인이나 집단과 얼마
나 잘 지내는가? 든든한 가족, 훌륭한 롤모델, 도움을 줄 수
있는 인맥, 진정성 있는 멘토, 결정권자와의 친분, 서로를 격
려하는 동료, 영향력 등 모든 영역과 분야에서 쉽고 안전하게
움직이는 사회적 역량과 관계망이 사회 자산입니다. 사회 자
산에서 나오는 자원의 예로는 지원, 사회적 명성, 신뢰, 정보,
결정권자와 친분 등이 있습니다.

조지 베일런트는 저서 『행복의 조건』에서 "행복하고 성공적
인 삶을 결정짓는 것은 지적인 뛰어남이나 계급이 아니라 사
회적 인간관계다"라고 했습니다. 행복과 성공의 조건에 인간관
계는 필수입니다. 부모, 형제자매, 친척, 친구, 스승, 동료 등과
그런 관계를 맺을 수 있습니다.

경제 자산과 문화 자산이 많은 가정에서 태어난 아기는 고

상한 품격을 얻을 확률이 높습니다. 아기는 태어나자마자 상류층의 언어, 사고, 행동을 배우고 익힙니다. 이런 사회적 관계는 문화, 경제, 사회적으로 앞서게 합니다. 하지만 실망할 필요는 없습니다. 오늘날은 출신을 뛰어넘어 좋은 인생을 뒷받침할 관계망을 직접 구축할 가능성이 그 어느 때보다 높아졌습니다.

자신이 원하는 품격을 얻으려면 그 환경 속으로 들어가야 합니다. 주변 사람이 당신을 완성합니다. 가족 못지않게 품격에 영향을 미치는 사람들이 있습니다. 바로 우리를 둘러싼 주변 사람들입니다. 초등학교 때 짝꿍, 존경하는 선생님, 소설 속 주인공들, 첫사랑, 배우자, 이웃, 친구, 동료들 등, 모두가 우리의 품격에 흔적을 남깁니다.

낯선 생활 공간의 게임 규칙을 가장 빠르고 가장 자연스럽게 익히는 방법은 목표로 하는 환경에 푹 잠기는 것입니다.

사회 자산은 지식 자산과 비슷하게 작용합니다. 소속과 끈끈한 연결을 원하는 사람은 그에 합당한 투자를 해야 합니다. 사회 자산에도 지식 자산과 같이 반감기가 있어 관리하지 않으면 사라집니다. 사회 자산을 지키고 싶다면 꾸준히 돌봐야 합니다.

성공한 사업가는 사회 자산 관리의 필요성을 더 잘 압니다. 그들은 사회적 소속을 만들고 관리하는 데 더 많은 시간을 씁니다. 행사에 참석하고, 자원봉사에 동참하고, 식사에 초대하고, 신년 행사 등에서 만납니다. 정기적으로 같은 일을 합니다.

그들은 인맥에 어떤 가치가 있는지 잘 알기 때문에 네트워크의 표면적 형식을 넘어 동맹을 만들고 관계를 돌봅니다. 사회 자산은 부차적으로 발전하지 않습니다. 여러 세대에 걸쳐 이어져 온 사회 자산일지라도 보존하기 위해서 늘 새롭게 힘써야 합니다. 사람들 사이에서 진정한 동료로 인식되고 싶다면 자산 포트폴리오에 쏟는 만큼 사회 자산에도 정성을 쏟아야 합니다.

뭔가 필요한 일이 있어서가 아니라 특별한 일 없이 그냥 좋아서 연락해야 합니다. 목이 마르기 10년 전에 우물을 파두는 것이 가장 좋습니다. 다시 말해 필요한 일이 생기기 전에 관계를 돌보는 것이 가장 좋습니다.

당신이 확보한 연락처는 시작에 불과합니다. 연락처 개수보다 같은 야망과 가치관을 공유하는 커뮤니티의 질이 더 중요합니다. 신뢰가 높은 관계는 그저 한번 인사를 나누고 같은 테이블을 썼다는 이유만으로 생겨나지 않습니다. 밖으로 나가 사람들을 만나고, 이름을 기억하고, 스몰토크에 동참하고, 받는 것보다 더 많이 주고, 지원과 정보에 감사할 줄 알아야 합니다.

행운이 우연히 당신을 도울 기회를 주기 위해서입니다. 커뮤니티 구축은 직접적으로 도움이 되기보다 간접적으로 그 가치가 드러나는 경우가 많습니다. 결정적인 조건 하나, 흥미로운 질문, 놀라운 통찰 등은 종종 오각형을 그리며 우회적으로 돌아옵니다. 사회 자산에서 마지막에 어떤 열매가 맛있게 익을지 예측하는 것은 불가능합니다. 아무것도 하지 않으면 아무것도 일어나지 않습니다. 무언가를 수확하려면 무언가를 뿌려야 합니다.

최상층에 오른 사람들은 혼자 힘으로 그 자리에 오르지 않았습니다. 그들에게는 성공을 지원하는 멘토들이 있습니다. 멘토가 단 한 번 뒤에서 슬쩍 밀어주는 손이 강력한 순풍이 됩니다.

당신이 다가갈 수 없는 사람들에게 기꺼이 소개해 주는 마음 좋은 상사, 잘할 수 있을까 두려워할 때 최고의 역량으로 길을 알려주는 선배, 불안해할 때 부모님같이 따뜻하게 격려해 주는 친구가 당신의 멘토입니다. 멘토는 활력을 주는 사람, 길을 닦아주는 사람, 문을 열어주는 사람, 가능성을 믿어주는 사람입니다.

최상층에서는 넓은 인맥은 유용할 뿐 아니라 소속을 표시하고 강한 지위의 상징입니다. 일반적인 물질이나 지위 상징은 돈만 있으면 누구나 가질 수 있으나, 빛나는 인맥은 마술사의 비둘기처럼 순간에 생겨나지는 않습니다.

■ 장사장의 사회 자산

나폴레온 힐의 저서 『성공의 법칙』에 황금률의 법칙이 있습니다. 황금률의 핵심은 "입장 바꿔 생각하라"는 것입니다. 즉 '다른 사람이 당신에게 해주기를 바라는 것과 똑같이 다른 사람에게 대하라'는 것입니다. 황금률을 실천하면 당신이 상대방의 입장에 있는 것처럼 상대방을 대하는 과정을 통해 일련의 인과 관계를 만들게 됩니다.

내가 사업을 시작하게 된 것도 나의 의지에 의한 것이 아니고, 우리 애들을 돌봐 주시던 할머니와의 우연한 인연으로 사업가의 길을 들어서 지금에 이르고 있습니다.

베트남 비즈니스는 곤경에 처한 불법체류자 P를 도와준 것이 인연이 되어 시작되었습니다. 그 친구가 베트남에서 사업을 크게 하는 딘 회장을 소개해 주었고, 나는 딘 회장과 함께 여러 가지 비즈니스를 했습니다.

P는 베트남에 돌아가 다낭에 살면서 한국 기업의 발전소 건설 현장에 건설 인력을 공급하는 일을 했습니다. 돈을 벌어 호텔을 인수하여 한국 건설기술자의 숙소로 운영하다, 다낭에 한국 관광객이 많이 늘어나고 그 특수로 크게 성공했습니다. 요즘도 자주 전화하고 만나고 있습니다.

이란과의 자동차부품 비즈니스도 이란 불법 체류 청년이 가끔 매장에 들어 부품을 사가지고 가기에 사무실 옆에 책상에서 업무를 보게 해주고 식사 때가 되면 직원들과 같이 식사하도록 해준 것이 인연이 되어 시작하게 되었습니다.

이란 냉매 가스 플랜트 비즈니스는 테헤란에서 자동차 비즈니스 하는 분이 이란 정부 투자개발사 IDRO 사장 하시미 박사를 소개해 시작하게 되었습니다.

러시아 비즈니스는 고려인 2세 여사장과의 인연으로 시작했습니다. 그녀는 딸과 함께 한국에서 중고 자동차 비즈니스를 하고 있었습니다. 딸이 비자 갱신 기간 내 연장을 하지 못하여 한국 사업 운영에 문제가 생겼습니다. 내가 딸을 데리고 출입국 사무소에 가서 비자 거부 사유를 확인하고 미납한 자동차 세와 재산세 등을 납부하고 사업실적 증명과 관계 서류를 첨부하여 단기 비자에서 장기 사업 비자를 받을 수 있게 도와준 것이 인연이 되어 시작했습니다.

외국인들은 평소 한국어로 간단한 의사소통은 가능하나 비자 문제로 출입국 관리사무소에 가면 긴장하여 자신의 의사 표시를 정확하게 하지 못함으로 인한 문제가 자주 발생합니다.

나는 이란어, 러시아어, 일본어, 몽골어, 인도네시아어, 미얀마어, 우즈베크어를 잘 모릅니다. 하지만 간단한 인사 정도의 말만 배워 메모해 갑니다. 어느 외국인과도 20분 정도 같이 있으면 영어 썩어서 의사소통에 문제가 없습니다. 서로 웃으며 재미있게 대화할 수 있습니다.

내가 외국 방문 시 현지인들은 대부분 잠깐 만나더라도 자신의 집에 초대하길 좋아합니다. 나는 사양하지 않고 작은 것이라도 한국적인 선물을 준비해 그 집을 방문합니다. 또 그분들이 한국을 방문하면 우리 부부가 가장 한국적인 곳에서 정성스럽게 대접합니다. 한국에 머무르는 동안 포근한 한국의 정을 가득 느끼고 갈 수 있게 최선을 다합니다. 그럴 땐 우리 아이들도 함께해 보고 배우게 합니다. 이때 나 자신이 한국을 대표하는 민간 외교관이라고 생각합니다.

나는 누구와도 자연스럽게 사회적 관계를 잘 맺습니다. 길이나 차 안에서나, 목욕탕이나, 시장에서나, 성당이나 절에서나, 학교 동문회 건 친척 모임이든, 외국인이든 한국인이든 만나는 사람 누구나 자연스럽게 이야기하며 금방 친해지고 관계를 잘 맺습니다.

나와 거래를 한 번이라도 한 사람들은 대부분 계속 거래를 이어가고 있습니다. 그분들이 또 다른 분을 소개해 주고 그렇게 지금까지 사업을 이어오고 있습니다. 내가 가진 인맥이나 정보가 그분들에게 도움이 되는 일이 있다면 실제 도움이 되도록 늘 최선을 다하고 있습니다.

내가 봉사 관련으로 사회적 인연을 맺고 있는 가톨릭 성당, 한국여성경제인협회, 진주여자고등학교 동문회, 고려대학교 상임이사회, 글로벌 마케팅컨설팅협회, 한베경제문화협회, 한국상품협회, 연세대학교 대학원 동문회와 법무부 보호위원 등에 같이 있는 분들과도 좋은 관계를 유지하고 있습니다.

늘 작은 것이라도 제가 가진 것을 나누려고 합니다. 우리 사무실을 방문하는 분들에게는 빈손으로 보내지 않고 작은 것 하나라도 우리 회사에서 만든 제품을 선물합니다. 다른 사람의 사무실이나 집을 방문할 때도 빈손으로 가지 않으려고 노력합니다.

사회 자산을 높이는 것은, 한국에서나 외국에서나, 사업으로 만났건 다른 인연으로 만났건, 지위가 높거나 낮거나, 많이 가졌거나 덜 가졌거나 변하지 않는 것은 불변의 진리 '황금률의 법칙' 바로 '내가 바라는 만큼 다른 사람에게 베풀어라.'를 믿습니다.

참고문헌

- 아브라함 H. 매슬로, 〈존재의 심리학〉, 문예출판사, 2004.
- 마틴 셀리그만, 〈긍정 심리학〉, 도서출판 물푸레, 2014.
- 스콧 릴리언펠드 외, 〈유혹하는 심리학〉, 타임북스, 2010.
- 존 폴민다, 〈인지 심리학〉, 웅진 지식하우스, 2023.
- 스티븐 기즈, 〈습관의 재발견〉, 비즈니스북스, 2014.
- 찰스 두히그, 〈습관의 힘〉, 갤리온, 2016.
- 조 디스펜자, 〈Breaking 당신이라는 습관을 깨라〉, 도서출판 산티, 2023.
- 에스더 & 제리힉스, 〈유인력, 끌어당김의 법칙〉, 나브랑북스, 2023.
- 린 그라본, 〈여기가 끝이 아니다〉, 나비스쿨, 2023.
- 나이토 요시히토, 〈말 버릇의 힘〉, 비즈니스북스, 2023.
- 조셉 마피, 〈완전 다른 사람이 된다〉, 문예출판사, 2023.
- 신진상, 〈내일을 바꾸는 인생 공부〉, 미디어숲, 2023.
- 메르, 〈1%를 읽는 힘〉, 토네이도 미디어그룹, 2023.
- 그랜트 가돈, 〈집착의 법칙〉, 부키, 2023.
- 리사 펠드먼 배럿, 〈이토록 뜻밖의 뇌 과학〉, 더퀘스트, 2023.
- 대니얼 카너먼, 〈생각에 관한 생각〉, 김영사, 2012.
- 로버트 · 미셸 루트번스타인, 〈생각의 탄생〉, 에코의 서재, 2016.
- 케빈 애슈턴, 〈창조의 탄생〉, 북라이프, 2015.
- 김효준, 〈생각의 창의성〉, 도서출판 지혜, 2004.

- 이채원, 〈새로운 모색과 창조〉, 중소벤처기업부, 2014.
- 김정운, 〈창조적 시선〉, 북이십일아르테, 2023.
- 벤저민 하디, 〈퓨처 셀프〉, 상상스퀘어, 2023.
- 정진후, 〈사람 공부〉, 21세기북스, 2010.
- 이훈범, 〈세상에 없는 세상 수업〉, 올림, 2014.
- 도리스 킨스굿윈, 〈혼돈의 시대 리더의 탄생〉, 로코미디어, 2020.
- 제임스 C. 헌터, 〈서번트 리더십〉, 시대의 창, 2007.
- 다니엘 골먼, 〈감성의 리더십〉, 청림출판, 2009.
- 정희정, 〈리더십 대장〉, 한국경제신문, 2021.
- 제임스 M. 쿠제스, 〈리더십 불변의 법칙 5〉, 한 · 언, 2000.
- 임유정, 〈리더의 말 사용법〉, 원앤원북스, 2022.
- 토머스 J. 네프, 〈CEO가 되는 길〉, 도서출판 풀푸리, 2000.
- 유필화, 〈CEO 고전에서 답을 찾다〉, 흐름출판, 2007.
- Stephen P. Robbins 〈조직 행동론〉, 한티미디어, 2018.
- 스콧 애덤스, 〈더 시스템〉, 송사랑, 2023.
- 다니엘 샤피로, 〈불가능한 협상의 없다〉, 까치글방, 2017.
- 피터 B. 스타크, 〈이기는 협상의 기술〉, 김앤김북스, 2007.
- 허브 코헨, 〈협상의 기술 Ⅰ, Ⅱ〉, 김영사, 2023.
- 김상용, 〈비즈니스 키워드 101〉, 토트 북세통, 2016.
- 노전표, 〈마케팅〉, 북코리아, 2020.
- 알렉스, 잭트라우트, 〈메케팅 불변의 법칙〉, 비즈니스맵, 2019.

- Hysanori Yamashta, 〈경영의 절대 지식〉, 새로운 제안, 2004.
- 조시 카우프만, 〈퍼스널 MAB〉, 진성북스, 2024.
- 마이클 거버, 〈사업의 철학〉, 라이팅하우스, 2015.
- 세이노, 〈세이노의 가르침〉, 데이원, 2023.
- 김승호, 〈사장학 개론〉, 스노우폭스북스, 2024.
- 최병식, 〈사장학 개론〉, 지식공감, 2020.
- 김경준, 〈사장이라면 어떻게 일해야 하는가〉, 원앤원콘텐츠그룹, 2015.
- 김영익, 〈경제지표 정독법〉, 한스미디어, 2018.
- KOTRA, 〈2024 한국이 열광한 세계 트렌드〉, 시공사, 2023.
- 김춘진, 〈K-푸드 세계인의 맛〉, 해피스토리, 2023.
- 김용수, 〈무역 지식 이보다 쉬울 수 없다〉, 원앤원북스, 2011.
- 신응섭, 〈무역 실무 길라잡이〉, 더난출판사, 1998.
- 이기찬, 〈무역 창업〉, 중앙경제평론사, 2016.
- 이기찬, 〈무역왕 김창호〉, 중앙경제평론사, 2014.
- 다케우치 겐테이, 〈내 인생을 바꾼 회계 수업〉, 도서출판 길벗, 2011.
- 존 소포릭, 〈부자의 언어〉, 월북, 2020.
- 엠제이 드마코, 〈부의 추월 차선 완결판〉, 토트출판사, 2018.
- 샘 월킨, 〈1%의 부의 비밀〉, 시공사, 2018.
- 김승호, 〈돈의 속성〉, 스노우폭스북스, 2024.

- 토마스 L. 스탠리, 〈이웃집 백만장자〉, 리드리드출판사, 2023.
- 브렌든 바처드, 〈백만장자 메신저〉, 리더스북, 2023.
- 김정우, 〈거부의 비결〉, 중앙경제평론사, 2021.
- 데일 카네기, 〈케네기 성공론〉, 문예출판사, 2004.
- 나폴레온 힐 〈나폴레온 힐 성공의 법칙〉, 중앙경제평론사, 2021.
- 도리스 메르틴, 〈아비투스〉, 다산초당, 2023.
- 유영국, 〈베트남 라이징〉, 클라우드 나인, 2023.
- 애슐리 반스, 〈일론 머스크, 미래의 설계자〉, 김영사, 2015.
- 권오현, 〈초격차〉, 쌤앤파커스, 2018.
- 고동진, 〈일이란 무엇인가〉, 민음사, 2023.
- 스티븐 런딘, 〈한 걸음만 더〉, 김영사, 2008.
- 판딩, 〈논어〉, 미디어숲, 2023.
- 사마천, 김원중, 〈사기열전〉, 민음사, 2022.
- 새뮤얼 아브스만, 〈지식의 반감기〉, 책 읽는 수요일, 2014.
- 조지 베일런트, 〈행복의 조건〉, 프런티어, 2012.
- 로버트 월딩거, 마크 슐츠, 〈세상 가장 긴 행복 탐구보고서〉, 비즈니스북스, 2023.
- 이재정, 〈운을 벌어야 돈이 벌린다〉, 부커, 2023.
- 최창석, 〈얼굴은 답을 알고 있다〉, 21세기 북스, 2013.
- 송은영, 〈모든 것은 얼굴로 통한다〉, 북스타, 2011.
- 바딤 젤란드, 〈리얼리티 트랜서핑〉, 정신세계사, 2023.

베트남 캔디여왕 장사장의
사장학 개론

초판 1쇄   2024년 9월 5일

지은이   장정미(필명: 장사장)
발행인   김재홍
교정/교열   김혜린
디자인   박효은
마케팅   이연실

발행처   도서출판지식공감
등록번호   제2019-000164호
주소   서울특별시 영등포구 경인로82길 3-4 센터플러스 1117호(문래동1가)
전화   02-3141-2700
팩스   02-322-3089
홈페이지   www.bookdaum.com
이메일   jisikwon@naver.com

가격   17,000원
ISBN   979-11-5622-892-9   03320